Wilhelm Weygoldt

Licht auf unserem Weg

Wilhelm Weygoldt

Licht auf unserem Weg

Ein Beitrag zur geistlichen Orientierung in 25 Predigten und Ansprachen

Fromm Verlag

Imprint

Publisher:
Fromm Verlag
is a trademark of
International Book Market Service Ltd., member of OmniScriptum Publishing Group
17 Meldrum Street, Beau Bassin 71504, Mauritius

Printed at: see last page
ISBN: 978-3-8416-0220-6

WIDMUNG

Meiner Frau, Theodora Weygoldt.
Sie hat in vielen Gesprächen, mit mancher Kritik aber auch Ermutigung nicht unwesentlich zu diesem Buch beigetragen.

Herzlichen Dank.

INHALT

Vorwort 11

Licht auf unserem Weg 13

4. Sonntag nach Trinitatis
1.Mose 50, 15-21

Maßstäbe der Erziehung: Geist und Gebet 18

Sonntag Exaudi / Gottesdienst mit Taufe
Epheser 3,14-21

Zweierlei Advent 22

3.Advent
1.Korinther 4,1-5

Verlorene Söhne und ein liebevoller Vater 26

3. Sonntag nach Trinitatis
Lukas 15, 1-3 + 11-32

Ansprache beim Abschiedsgottesdienst auf einer Seereise 31

23. Sonntag nach Trinitatis (auf MS Nordkapp der Hurtigrutenlinie)
Psalm 139

Werft euer Vertrauen nicht weg ! 34

Gottesdienst mit Abendmahl
Hebräer 10, 35-39

Ein Elternwunsch 38

Taufgottesdienst
Psalm 91, 11

Erleuchtung tut not 41

Epiphanias
2.Korinther 4,3-6

Ein neuer Anfang 45

11. Sonntag nach Trinitatis
Lukas 07.36-50

Spuren hinterlassen 50

6. Sonntag nach Trinitatis
Jesaja 43, 1-7

Gottes Lob in jeder Lage 55

Kantate (Gottesdienst mit Taufe)
Apostelgeschichte 16, 16-34

Kraft zum Lieben 61

Reminiszere (Gottesdienst mit 2 Taufen)
Jesaja 5,1-7

Ein starker Begleiter 66

Neujahrsgottesdienst (mit Abendmahl)
Josua 1,1-9

Die richtige Reihenfolge 71

Quasimodogeniti (Gottesdienst mit 2 Taufen) s. Anmerkung am Schluß!
Joh. 21,1-14

Die Hauptsache 78

1.Weihnachtstag
Micha 5, 1 - 4a

Todesrealität und Glaubenshoffnung 82

Ansprache zum Totengedenken
Biblischer Bezug: Johannes.11,25 und Römer 14,9

Das Leben gewinnen 86

Estomihi
Markus 8, 31-38

Barmherzige Ungerechtigkeit 90

Septuagesimä
Matthäus.20, 1-16a

In Ängsten geborgen 95

4. Sonntag nach Epiphanias
Markus 4, 35-41

Ein Volk unterwegs 100

Rogate / Weltmissionstag 2002
2.Mose 32, 7-14

Erfüllte Zeit 105

1. Weihnachtsfeiertag
Galater 4,4-7

Was wir zu erwarten haben 109

Exaudi
Jeremia. 31, 31 - 34

In die Nachfolge Jesu berufen 114

Quasimodogeniti (Goldene u. Diamantene Konfirmation)
Johannes 21,1-14

Vom rechten Rühmen 123

1.Sonntag n. Epiphanias
1.Korinther 1, 26-31

Was bringt´s ? 128

Invokavit
2.Korinther 6, 1-10

VORWORT

Den Anstoß zu diesem Buch gab eine Anfrage des FROMM-VERLAGS im März 2011, ob ich meine Predigten aus dem Internet (www.Predigten.de) nicht in Buchform veröffentlichen wolle. Sie seien auf der Suche nach Materialien zur Veröffentlichung auf meine Texte gestoßen und hielten sie für geeignet.

Ein zweiter Grund, der mich zu einer Veröffentlichung in Buchform bewegt hat, ist die Nachfrage mancher Predigthörerinnen und Predigthörer, ob sie die Predigt nicht schriftlich haben könnten. Da viele, vor allem ältere Menschen, keine Internetnutzer sind, bietet sich somit eine solche Veröffentlichung an.

Die vorliegenden Predigten und Ansprachen entstanden vornehmlich aus Gottesdienstvertretungen und Anfragen. Ihre Absicht ist, die Christusbotschaft zeitnah unter die Leute zu bringen. Sie sind bemüht, jedem "gestelzten Intellektualismus" abgeneigt und in allgemeinverständlicher Form, die wesentlichen Inhalte des christlichen Glaubens darzustellen. Für die Buchveröffentlichung habe ich sie nochmals überarbeitet.

Es wäre ganz in meinem Sinne, wenn sie auch als Lesepredigten Verwendung fänden, oder als Gesprächsgrundlage in Bibel-und Hauskreisen. Deshalb habe ich jeder Predigt den dazugehörigen Predigttext für den jeweiligen Sonntag hinzugefügt und hinter den meisten Bibelzitaten in Klammern die betreffende Bibelstelle - wenn nicht anders vermerkt - nach der Luther-Ausgabe von 1963.

Ich wünsche mir, dass die Texte mithelfen, Licht in manches Dunkel zu bringen und dass sie Freude und Anregung sind zur eigenen Beschäftigung mit der Bibel. In diesem Sinne soll der Predigtband unter dem Leitmotiv stehen:

Licht auf unserem Weg

Ein Beitrag zur geistlichen Orientierung in 25 Predigten und Ansprachen

gemäß dem Zeugnis des Psalmisten "Dein Wort ist meines Fußes Leuchte und ein Licht meinem Wege" (Ps.119, 105). So steht es auch über dem Seiteneingang der

Emmendinger Stadtkirche, an dem die Gottesdienstbesucher nach dem Gottesdienst vom Pfarrer verabschiedet werden.

...Den Leserinnen und Lesern wünsche ich, dass sie Freude am Lesen haben und wenigstens ein Stück Orientierung erfahren und dass sie erleben, was der Apostel Paulus im Römerbrief erklärt: "Der Glaube kommt aus der Predigt!" (Rö. 10, 17).

Emmendingen, im September 2011

Wilhelm Weygoldt

Licht auf unserem Weg

Predigt in Emmendingen (Pauluskirche) am 17.07. 2011

4. Sonntag nach Trinitatis

1.Mose 50, 15-21

(15) Die Brüder aber Josephs fürchteten sich, da ihr Vater gestorben war, und sprachen: Joseph möchte uns gram sein und vergelten alle Bosheit, die wir an ihm getan haben. (16) Darum ließen sie ihm sagen: Dein Vater befahl vor seinem Tod und sprach: (17) Also sollt ihr Joseph sagen: Vergib doch deinen Brüdern die Missetat und ihre Sünde, dass sie so übel an dir getan haben. So vergib doch nun diese Missetat uns, den Dienern des Gottes deines Vaters. Aber Joseph weinte, da sie solches mit ihm redeten. (18) Und seine Brüder gingen hin und fielen vor ihm nieder und sprachen: Siehe, wir sind deine Knechte. (19) Joseph sprach zu ihnen: Fürchtet euch nicht, denn ich bin unter Gott. (20) Ihr gedachtet´s böse mit mir zu machen; aber Gott gedachte es gut zu machen, dass er täte, wie es jetzt am Tage ist, zu erhalten viel Volks. (21) So fürchtet euch nun nicht; ich will euch vesorgen und euere Kinder. Und er tröstete sie und redete freundlich mit ihnen.

Zeig uns dein königliches Walten / Bring Angst und Zweifel selbst zur Ruh´
Du wirst allein ganz recht behalten / Herr, mach uns still / und rede du! - Amen.

Liebe Gemeinde,
Die Sätze, die wir eben gehört haben, sind das Ende der über 3500 Jahre alten Geschichte von Josef und seinen Brüdern. Sie ist so dynamisch und dramatisch, dass sie unter anderem den Stoff lieferte für das Musical "Joseph in Ägypten" im englischen Originaltitel "Joseph and the Amazing Dreamcoat" von Andrew Lloyd Webber und dass sie dem Schriftsteller Thomas Mann als Vorlage diente für seinen mit über 1360 Seiten umfangreichsten Roman "Joseph und seine Brüder". (s. Lit.). Das wundert mich nicht sonderlich, geht es doch in dieser Erzählung aus dem Alten Testament um Themen, die auch uns nicht unbekannt sind:

Wir hören von der pädagogischen Unfähigkeit eines Vaters, von der Arroganz eines jungen Mannes, von Neid, Haß und Mordgedanken, von sexueller Versuchung und der Anklage des Mißbrauchs und deren Folgen, von Schuldigwerden und großen Ängsten - und von Aufstieg und Macht und wie einer damit umgeht - und von Versöhnung unter Brüdern.

Wie gesagt, das alles wundert mich nicht sonderlich. Was mich aber in höchstes Staunen versetzt ist, dass Gott solche doch recht irdische Dinge einbaut in seinen Heilsplan mit dem Volk Israel und schließlich auch in seinen Heilsweg mit uns. - Gott sei Dank! - dass Gott auch "auf krummen Linien gerade schreibt"!

Doch laßt uns nun in unserer Bibel ein Stück zurück blättern bis zum Kapitel 37 und einige Stationen von Josephs Lebensweg betrachten: - Wir begegnen einer "Patchwork-Familie": Ein Mann namens Jakob, 4 Frauen, 1 Tochter, 11 Söhne, wobei der Elfte namens Joseph von der Lieblingsfrau der sanften Rahel stammt und entsprechend vom Vater gegenüber den andern herausgestellt und bevorzugt behandelt wird. - Schon die Kleidung macht den Unterschied deutlich. Der Vater schenkt ihm "ein bunt Röcklein", das er mit Stolz trägt. Er muß nicht hart arbeiten wie die andern . Höchstens mal den andern das Essen aufs Feld bringen. Er hat Zeit für alles Mögliche, vor allem zum Träumen, wofür er eine besondere Begabung hat. Und davon macht er auch noch in ganz unvorsichtiger Weise Gebrauch. Er erzählt den andern davon: "Hört doch, was ich geträumt habe", sagt er zu ihnen, wir haben zusammen Garben gebunden auf dem Feld: Während seine Garbe als einzige stehen bleibt, fallen die der Brüder um bzw.verneigen sich vor seiner Garbe. Ein andermal träumt er von 11 Sternen, die sich samt Sonne und Mond vor ihm verneigen. Kein Wunder, wenn bei den Brüdern Neid und Haßgefühle hochkommen bei so viel Arroganz auf zwei Beinen!

Kennen wir doch auch! - Es macht uns bitter und neidisch, wenn andere uns vorgezogen werden! So tickt in mancher Familie und in mancher Beziehung eine hochexplosive Zeitbombe. - Wir können solche Situationen überall erleben, wo Menschen mit-einander zu tun haben: Im Kindergarten, in der Schule, im Sport in den Vereinen, im Beruf...

Einmal sprachen wir im vertrauten Kreise von einem Kollegen. Ich fragte. Was haltet Ihr von ihm? Einer sagte nur: "Er hat ein bunt Röcklein an!" - Wie kommt man sich vor neben solchen Leuten? - Jedenfalls muß etwas geschehen, damit man die Selbstachtung und manchmal auch die Freude am Leben nicht verliert. - Manchmal ist dann schnell der Boden für Intrigen bereitet. Entweder der andere ändert sich, oder er muß ganz schnell aus dem Blickfeld verschwinden!

Auch für die Brüder des Joseph kann es so nicht weitergehen. - Das "Brüderlein" muß weg! - So machen sie einen Mordplan. Dem Ältesten, Ruben, kommen Bedenken. So wird aus dem ursprünglichen Plan der Verkauf in die Leibeigenschaft nach Ägypten. Während die Brüder glauben, der Fall sei damit erledigt, geschehen dort gar wundersame Dinge:

Der Junge ist gescheit, sieht gut aus und kommt auf diese Weise ins Haus des einflußreichen Ägypters Potifar. Nach einiger Zeit wirft die Frau des Potifar ein Auge auf ihn. Als er sie abweist mit dem Argument: Er könne gegenüber Gott keine solche Sünde begehen, dreht sie den Spieß um : Mit dem Corpus delicti, seinem Oberkleid in der Hand erklärt sie ihrem Mann, er habe sie mißbrauchen wollen. Und so wandert Joseph zunächst einmal ins Gefängnis. Aber Joseph nimmt es in Kauf! - Wichtiger als alles andere ist ihm, mit seinem Gott im Reinen zu sein, seinem Willen zu entsprechen und ihm bedingungslos zu vertrauen. - Luther hat es später so formuliert: "Du sollst Gott, deinen Herrn über alle Dinge fürchten, lieben und vertrauen!"

Seine Fähigkeit zur Traumdeutung kommt ihm zu Hilfe. Zwei Mitgefangene, der Hofbäcker und der Mundschenk des Pharao profitieren davon, und als einige Zeit später den Pharao zwei Träume plagen, weil er spürt, dass sie ihm Wichtiges sagen wollen, er aber deren Bedeutung nicht herausfindet, erinnert sich der Mundschenk an Josephs Fähigkeit: Sieben fette Ähren werden verdrängt von sieben mageren Ähren - sieben fette Kühe werden gefressen von sieben mageren Kühen: Das bedeutet sieben gute, ertragreiche Jahre, gefolgt von sieben mageren Jahren! Das ist für den Pharao so etwas wie eine Wirtschaftprognose! Und wie immer, wenn jemand eine gute, einleuchtende Idee hat, heißt es: Geh´, mach´s!

Joseph wird zur rechten Hand des Pharao berufen und wird beauftragt, das Krisenmanagement für die vorausgesagten Hungerjahre zu übernehmen. Als die Hungerkatastrophe eintritt, weit über Ägypten hinaus auch bis ins Siedlungsgebiet der Familie Jakobs, seines Vaters, ist er der mächtigste Mann Ägyptens nach dem Pharao!

Der alte Jakob schickt seine Söhne - außer dem jüngsten, dem 2. Rahelsohn Benjamin, - nach Ägypten, um Getreide zu kaufen. Dem Joseph werden die

Fremden mit ihrem Anliegen gemeldet. Er verhandelt selbst mit ihnen. Er erkennt sie, stellt ihnen Fragen zur Familiensituation. - Sie mögen sich über seine Kenntnisse gewundert haben, aber erkannt haben sie ihn nicht. Sie hatten ihn mitsamt ihren Schuldproblemen verdrängt und abgeschrieben. Sie rechneten nicht mehr mit seiner Existenz.

Joseph hat sie in der Hand! Er hätte sich jetzt rächen können für das frühere Unrecht, das sie an ihm begangen hatten. Aber er läßt sie heimkehren mit ihren Getreidesäcken samt dem Kaufpreis fürs Getreide, den er in ihre Säcke legen läßt! Allerdings hat die Sache einen Haken! - Um sie zu prüfen, läßt er unter einem Vorwand einen der Brüder, Simeon, festnehmen, den sie erst auslösen können, wenn sie zurückkommen und Vaters neuen Liebling, Benjamin, mitbringen. Das bringt sie in große Ängste und arge Konflikte. - Der Vater sperrt sich gegen dieses Vorhaben. - Da verbürgt sich Juda beim Vater für Benjamin, so dass er ihn mitgehen läßt samt (Bestechungs? -) Geschenken für diesen harten Mann. - Als sie auf diese Weise erneut zu Joseph kommen, weint er vor Betroffenheit Tränen der Rührung. Die Brüder sind reifer geworden: Sie tragen für den neuen Lieblingssohn Verantwortung. Niemals würden sie wieder so handeln, wie damals mit Joseph! Jetzt gibt sich Joseph zu erkennen. Die Brüder liegen sich den Armen. Joseph aber lädt die ganze Sippschaft mitsamt ihrem Vater nach Ägypten ein, wo er für sie sorgen will. - Überglücklich kehren alle zusammen nach Kanaan zurück, um den Vater mit der ganzen Familie nach Ägypten zu holen. - Als sie zurück kommen, kann Joseph kaum erwarten, seinen alten Vater wieder zu sehen. Er weist ihnen Siedlungsgebiet an, wo sie wohnen können!

So kam Jakob, der auch "Israel" heißt seit einer geheimnisvollen Begegnung am Fluß Jabbok (Gen. 32), nach Ägypten. Nach 17 Jahren starb er und wurde von seinen Söhnen wunschgemäß in seinem Grab in der Höhle Machpela nahe Hebron begraben. Danach kehrten die Brüder Josephs nach Ägypten zurück. Aber ihr Vater, der für sie eine Art Schutzgarant gegen mögliche, bis dahin vielleicht zurückgehaltene Rachegelüste Josephs war, war nun nicht mehr dabei. (vgl. Th.Mann, a.a.O.Bd. 3, S.1361: “Der Vater ist fort, und plötzlich ist ihnen, als sei er ihr Schirm und Schutz gewesen...und er habe (da) gestanden, wo nun nichts und niemand mehr steht zwischen ihnen und der Vergeltung.”).

Wir wissen aus *unserer* Erfahrung, dass in solch neuer Situation oft Hemmungen fallen und es in vielen Fällen jetzt richtig zur Sache geht! Josephs Brüder testen die Lage. Sie schieben den Vater vor. Sie schicken andere - nach Th. Mann den Benjamin - zu Joseph und lassen ihm mitteilen: Der Vater hat vor seinem Tod gesagt, Du sollest uns vergeben! (bei Th. Mann, a.a.O.: "lass sie ihre Schafe scheren, sie aber laß ungeschoren!"). - Da zeigt Joseph wiederum Gefühle: Er weint! - Auch Joseph hat sich verändert! Keine Spur mehr von Arroganz! Ein arroganter Mensch zeigt keine Gefühle! Aber Gefühle können Brücken bauen! - Jetzt finden die Brüder den Mut, hinzugehen und ohne Rücksicht auf die eigene Person alle Schuld zu bekennen und um Vergebung zu bitten. Und da sagt Joseph die entscheidenden Sätze der ganzen Erzählung: "Fürchtet euch nicht, denn ich bin unter Gott!" - Auch wenn die Stelle wörtlich übersetzt heißt: "Ich stehe nicht an Gottes Stelle!" hat Luther hier theologisch völlig richtig übersetzt. - Menschen, die unter Gott stehen, schieben ihren Stolz und ihre Verletztheiten auf die Seite. Sie wissen um die Verantwortung vor einem Höheren, dessen Vergebung sie selber bedürfen!

"Ihr gedachtet es böse zu machen aber Gott gedachte es gut zu machen! zu erretten viel Volks." So sagt er zu ihnen, und so hat er´s erlebt. Und seine Brüder, die Stammväter des Volkes Israel können sich in mächtigem Zusammengehörigkeitsgefühl im fruchtbarsten Gebiet Ägyptens, dem "Lande Gosen" im nördlichen Nildelta zu "viel Volks", wie es heißt, entwickeln.

Wir spüren den Atem Gottes! Für Gott sind menschliche Schwäche und Bosheit und die mitunter recht harten Realitäten dieser Welt keine Hindernisse, seine Ziele durchzusetzen. Er kann auch das Böseste genau so gebrauchen und nutzen und in seinen Heilsplan einbauen wie unsere vermeintlichen Guttaten (nach D. Bonhoeffer in Widerstand und Vergebung). - Weil Joseph das in seinem Leben erfahren hat, kann er gelassen sein, kann er vergeben und seinen Brüdern glaubhaft versichern, dass sie sich nicht zu fürchten brauchen und sich auf die Zusage seiner Fürsorge verlassen können. - Das gilt auch für unsere Lebenswege - ganz gleich wie sie verlaufen! Wir können es mit dem Apostel Paulus fast noch besser auf den Punkt bringen: Er sagt: "Denen, die Gott lieben, müssen *alle Dinge* zum Besten dienen" ! (Rö.8, 28).Nehmen wir es mit in die Woche als ein Licht, das unseren Weg hell macht! - Und der Friede Gottes, welcher höher ist als alle Vernunft, bewahre unsere Herzen und Sinne in Jesus Christus, unserem Herrn!

Amen.

Literaturangaben:
- Andrew Lloyd Webber, Joseph and the Amazing Dreamcoat , Musical 1968
- Thomas Mann, Joseph und seine Brüder, Roman-Tetralogie, 3 Bde., Fischer TB 1185, Frankfurt/M 1985

Maßstäbe der Erziehung: Geist und Gebet

Predigt in der Pauluskirche Ettlingen 16. Mai 2010
Exaudi (Gottesdienst mit Taufe)
Epheser 3,14-21

Liebe Gemeinde,
Gegenwärtig sind die bildungspolitischen Fragen mit die wichtigsten Fragen unserer Gesellschaft. Sie werden entscheidend die Zukunft unseres Landes bestimmen. Dabei geht es nicht nur um die Vermittlung von Kulturtechniken wie lesen, schreiben, rechnen oder die Entwicklung von Fähigkeiten, die wir im Alltag unserer kompliziert gewordenen Industriegesellschaften zum Überleben brauchen. - Ich halte die Frage für noch wichtiger, in welchem Kontext wir das tun. In welchem Geist, auf welche Zie-le hin wollen wir unsere Kinder und Jugendlichen erziehen? - Werden wir es schaffen, ein Umfeld und ein Klima zu bereiten, das Sicherheit und Geborgenheit ausstrahlt, wo Lernen und Zusammenleben Freude macht und nicht von Ängsten dominiert wird? - Wie können wir Kindern und Jugendlichen Ausgeglichenheit und Ruhe geben in einem Land, in dem es jährlich mehr als 190 Tausend Scheidungen gibt? - Ich bin für jedes Paar froh, das zusammen bleibt - und wenn es nur um der Kinder willen geschieht!

Pisastudien hin oder her! - Sie sind Randprobleme, Marginalien, gegenüber diesen Problemen, für die unser Staat - und wir alle - praktikable und akzeptable Lösungen suchen müssen! - Nicht immer neue Strukturen müssen her und immer mehr Geld, das wir gar nicht haben. Was wir brauchen, ist ein neuer Geist! - Aber den können wir nicht machen, - den können wir nur von Gott erbitten und uns schenken lassen!

Der Epheserbrief hat mit beidem etwas zu tun: Mit *Bildung und Erziehung* und mit dem *Ringen um den rechten Geist,* in dem allein gute Erziehung gelingen kann. - Der Epheserbrief ist ein Unterrichtskonzept. Er ist religiöse Unterweisung für die Täuflinge, die zur Zeit des Apostels Paulus nahezu alle Erwachsene waren, und er unterrichtet sie wie die schon Getauften in der nun anhebenden neuen Lebensführung in der Kirche. - Sie gehören nun zur "Ekklesia", zu den "Herausgerufenen". Sie sind aus ihren alten Verhältnissen herausgerufen in die Nachfolge Jesu Christi. Nun sollen sie sich ihres neuen Standes bewußt werden, und in der Welt Zeugen ihres Glaubens sein, dass Gott sich in Jesus Christus aller Menschen ja, seiner ganzen Schöpfung erbarmt hat! - So haben wir es ja vorhin bei der Taufe gehört: Ihr sollt meine Zeugen sein! Und es wird Ihnen zugesichert, dass er, ihr Herr, der sie beauftragt hat, bei ihnen sein wird, bis ans Ende der Welt! (Mt. 28,12ff). Dazu sollen sie befähigt werden. Sie sollen wachsen in ihrem Glauben. Sie sollen zunehmend begreifen, was es für sie bedeutet, zur Gemeinde als dem Leib Jesu Christi zu gehören, deren Haupt er selber ist. Sie sollen darüber sicher und froh werden und in der Lage sein, darüber jederzeit und jedermann Auskunft zu geben!

Diese Fähigkeit wird für die Christen gerade in einem zunehmend multikulturellen und multireligiösen Umfeld und in unserer immer mehr zusammenrückenden Welt von eminenter Bedeutung sein! - Diese Zurüstung und Unterweisung der Getauften ist das eine, was der Epheserbrief vermitteln will. Zum andern geht es um das Ringen um den rechten Geist, eben darum, in welcher Weise der Apostel und Lehrer Paulus das tut: - Hören wir, wie unser Textabschnitt aus Epheser 3, 14-21 das sagt:

(14.)"Derhalben beuge ich meine Kniee vor dem Vater, (15.) der der rechte Vater ist über alles, was da Kinder heißt im Himmel und auf Erden, (16) dass er euch Kraft gebe nach dem Reichtum seiner Herrlichkeit, stark zu werden durch seinen Geist an dem inwendigen Menschen, (17) dass Christus wohne in eueren Herzen und ihr in der Liebe eingewurzelt und gegründet werdet, (18.) auf dass ihr begreifen möget mit allen Heiligen, welches da sei die Breite und die Länge und die Höhe und die Tiefe; (19.) auch erkennen die Liebe Christi, die doch alle Erkenntnis übertrifft, damit ihr erfüllt werdet mit der Gottesfülle. (20) Dem aber, der überschwänglich

tun kann über alles, was wir bitten oder verstehen, nach der Kraft, die in uns wirkt, (21) Dem sei Ehre in der Gemeinde und in Christus Jesus zu aller Zeit, von Ewigkeit zu Ewigkeit ! - Amen".
(Übersetzung: Hans Conzelmann in NTD)

Unser Text ist ein Gebet, genauer gesagt: Fürbitte. Er beginnt mit der Gebetshaltung:
"Ich beuge meine Kniee vor dem Vater", und er endet mit "Amen ", wie jedes Gebet. Paulus weiß, dass er den Erfolg seines Lehrens und Bemühens nicht mit noch so großer Gelehrsamkeit herbeiführen kann oder gar mit Werbung und Überredungskunst. Darum betet er für die Menschen, die er ansprechen will!

Wann haben *wir* das letztemal für andere gebetet? - Für unsere Kinder und Enkel? Für die Patenkinder? Für unsere Mitarbeiter oder Vorgesetzte? Für unsere Schüler oder für unsere Lehrer? - Wer für andere betet, ruft Gott um Hilfe! Wer für andere betet, wird ein anderer Mensch. Und er gewinnt ein anderes Verhältnis zu den anderen. Wer für andere betet, wird ihnen keinen Schaden zufügen! - Er handelt vielmehr im Geist Jesu Christi, im Geist der Liebe! - Bleiben wir noch ein wenig bei pädagogischen Begriffen: Das General - Lernziel, das Paulus für die Taufanwärter wie auch für die schon Getauften im Blick hat, ist, dahin zu kommen, dass der Geist Christi in ihnen wohne, dass sein Geist der Liebe und seine Art von ihnen Besitz ergreift. und ich füge hinzu: Auch wir sollen dran bleiben und uns darin fest machen, uns in die Liebe Christi geradezu "einwurzeln" wie ein Baum in die gute Erde Gottes! - Das kriegen wir nicht selber hin! - Dazu braucht es die ständige Verbindung mit Gott. Dazu brauchen wir das Gebet! - Das Gebet hat die Verheißung, dass wir Kraft gewinnen. Wir werden hineingenommen in "die Fülle der Kraft Gottes", in die "Dynamis tou theou", sagt Paulus. Dynamischer geht´s nicht! Und im Gebet weitet sich unser Horizont, denn wir werden die Breite und die Länge, die Höhe und die Tiefe der Weisheit Gottes erfahren: Die "Hagia Sophia" Gottes! - Wir brauchen dazu nicht erst nach Istanbul zu fahren oder nach Rom, oder an andere "Heilige Orte" Denn der Geist Gottes läßt sich von uns nicht festmachen. Er weht, wo er will ! - sogar an Orten, wo wir es gar nicht für möglich halten!

Festmachen können wir ihn also nicht, den Geist Gottes, aber wir können Gott darum bitten, dass er ihn uns schenkt und dass er uns leitet in alll den

Entscheidungen, die wir ständig zu treffen haben: als einzelne, als Kirche und als Weltgemeinschaft. Dass wir Erkenntnisse gewinnen und die richtigen Schlüsse ziehen, die uns mitsamt unserer Welt zum Heil gereichen und nicht ins Unheil stürzen. Paulus ist der festen Überzeugung, dass es nur im Gebet, im Eintauchen in die Weisheit Gottes, solche heilmachende Erkenntnis gibt. Diese setzt er allen anderen Versuchen, zu umfassender Weisheit zu kommen (wie z.B. der Bewegung der "Gnosis ",die zu seiner Zeit "in" war) kompromisslos entgegen. Darum ist das Beten so wichtig - für den einzelnen wie für die ganze Kirche. Es ist wie das Atemholen, ohne das wir nicht leben können!

Kommenden Sonntag feiern wir das Pfingstfest, den Geburtstag der Kirche. Es wird uns daran erinnern: Das Gebet war von Anfang an eiserne Ration im Marschgepäck derer, die sich Christen nannten. So lesen wir in Apg 2,42: "Sie blieben aber beständig in der Lehre der Apostel, in der Gemeinschaft und im Brotbrechen und *im Gebet!*"

Hier wird ein weiterer Aspekt sichtbar: Wer betet, ist nicht allein! - Das Gebet schließt uns zusammen als Schwestern und Brüder unter dem einen Gott, den Jesus uns zum Vater gemacht hat. Unter ihm sind wir eine große Familie über Kontinente und über die Grenzen von Sprachen hinweg, - auch über die Kluft, die Generationen voneinander trennt - und die auch die Kirchen trennt durch weithin selbstgemachte Strukturen.

Ist es nicht ermutigend, dass gerade der 2. ökumenische Kirchentag stattfindet, der parallel zu unserem Gottesdienst auf der Münchner Theresienwiese ausklingt? Wir dürfen auch hierin die Erfahrung machen, dass Gott größer ist als des Menschen Herz, und dass er unsere Füße auf weiten Raum stellt! (Ps. 31,9).

"Dem sei Ehre in der Gemeinde, die in Jesus Christus ist zu aller Zeit, von Ewigkeit zu Ewigkeit!" (Eph.3,21) - Mit diesem Lobpreis Gottes schließt unser Predigttext.

Machen wir´s wie der Apostel Paulus: Am Ende und über allem soll der Dank stehen gegenüber Gott und seinem Handeln an uns!

Amen.

Zweierlei Advent

Predigt in Emmendingen (Dietrich-Bonhoeffergemeinde) am 13.12.2009

3.Advent

1.Korinther 4,1-5

Liebe Gemeinde,

Wie weit sind Sie mit Ihren Vorbereitungen? In 11 Tagen ist ja schon der Heilig Abend und Weihnachten!

Die Festbeleuchtungen in den Straßen und Städten. Die Lichter in den Fenstern vieler Häuser. Die Adventsparties und die Weihnachtsmärkte - ja, und auch die Supermärkte mit Ihren Angeboten für die Festtage, - sie alle sagen uns: Es ist Zeit! Es ist nicht mehr weit zum Fest. Also rüstet Euch und bereitet euch vor, damit es ein schönes und ein würdiges Fest wird, und wir uns von Herzen daran freuen können! Und über allem laßt uns den nicht vergessen, der ja der Anlaß unseres Feierns ist, unseren Herrn Jesus Christus, der zu uns gekommen ist als das Kind in der Krippe und der wiederkommen wird als der Weltenrichter am Ende der Welt!

Ja, Sie haben richtig gehört! Wir haben es mit einem doppelten Advent mit einem zweimaligen Kommen zu tun, über das die Christen in der vorweihnachtlichen Zeit seit jeher nachdenken: Der Theologe Carl-Heinz Ratschow hat es in die kurze Formel gekleidet: Es geht um die "Zukunft des Gekommenen" ! - "Von dort wird er kommen zu richten die Lebenden und die Toten!" - haben wir vorhin im Glaubensbekenntnis bekannt. Und das bekennt die Christenheit der ganzen Welt: bei Taufen und Bestattungen und bei allen wichtigen kirchlichen Anlässen. Davon sprechen unsere schönsten Adventslieder, und davon redet auch der für den heutigen 3.Advent vorgeschlagene Predigttext. - Hören wir, was der Apostel Paulus im 4. Kapitel seines 1.Briefes an die damalige Gemeinde von Korinth schreibt:

> ***(1) "Dafür halte uns jedermann: für Christi Diener und Haushalter über Gottes Geheimnisse. (2) Nun sucht man nicht mehr an den Haushaltern, als dass sie treu erfunden werden. (3) Mir aber ist´s ein Geringes, dass ich von euch gerichtet werde oder von einem menschlichen Tage; auch richte ich mich selbst nicht. (4) Ich bin mir nichts bewusst, aber darin bin ich***

nicht gerechtfertigt; der Herr ist´s aber, der mich richtet. (5) Darum richtet nicht vor der Zeit, bis der Herr kommt, welcher wird ans Licht bringen, auch was im Finstern verborgen ist, und wird das Trachten der Herzen offenbar machen. Alsdann wird einem jeglichen von Gott sein Lob widerfahren. "

Liebe Gemeinde,

Dem Apostel Paulus ging es zu seiner Zeit auch nicht anders als es uns heutzutage auch noch geht: Es gehört offenbar zum menschlichen Wesen, sich ins rechte Licht zu setzen, dabei andere zu kritisieren, zu beurteilen, oft genug zu verurteilen und sie in Schubladen zu stecken, aus denen man so leicht nicht wieder herauskommt! - Und dann werden Gruppen und Parteien gebildet. Es wird zerissen und zerstritten: meist zum Schaden der Sache, für die man steht. In einem Aufsatz von Heinzpeter Hempelmann in den " theologischen beiträgen 09-6 " (s. Lit. 1) las ich vor kurzem die Sätze: "Ich träume von einer Kirche, die es nicht mehr besser weiß... Ich sehne mich nach Gemeinde als einer Gemeinschaft von Christen, die nur eines sein wollen: Medien der Barmherzigkeit Gottes; denen man es selber ansieht, was es heißt: "Mir ist Erbarmung widerfahren", und die aus dieser Erfahrung heraus nun auch anderen genauso barmherzig begegnen!"

In der Gemeinde von Korinth hatte Paulus gegen solches Verhalten, wie es Heinzpeter Hempelmann beklagt, geradezu modellhaft zu kämpfen! - Wie verhält er sich dabei? Was können wir von ihm lernen?

1.Der Apostel Paulus macht andere nicht herunter, sondern stellt sie unter die gemeinsame Sache!- "Dafür halte uns jedermann: Für Christi Diener und Haushalter über Gottes Geheimnisse!" Er will nur eines sein: Knecht seines Herrn Jesus Christus! Alles, was er hat, was er ist und was er kann, hat er empfangen von dem, dem er dienen will. Und das ruft er auch den andern ins Bewußtsein: Was habt Ihr schon, was ihr nicht empfangen habt? Das Evangelium, die Frohe Botschaft von Gottes Liebe in Jesus Christus zu uns. habt Ihr nicht aus euch selbst, ja, alle euere Gaben und *Begabungen* habt ihr nicht aus euch selbst, - sie sind euch von Gott gegeben. Seid euch darüber im Klaren, damit sich ja nicht einer über den anderen erhebe! (V.7) - Das habt ihr weiterzugeben und zu entfalten nach eueren Möglichkeiten. - Darin habt ihr gewissenhaft und treu zu sein!

2.Allein auf das Urteil des wiederkommenden Herrn beim Weltgericht kommt es an. Das macht unabhängig vom Urteil der Menschen! Nachdem Paulus auf die Treue im Dienst hingewiesen hat, kommt der Hinweis auf den wiederkommenden Herrn am "Jüngsten Tag": Ihm allein, bin ich Rechenschaft schuldig, über mein Reden und Handeln, ja, über mein ganzes Leben. Auf sein Urteil allein vertraue ich. Euere Meinungen und Urteile bedeuten mir nichts! Ja, noch nicht einmal meiner eigenen Selbsteinschätzung vertraue ich!

Was ist das für eine Freiheit ! - Wenn wir uns die zu eigen machen könnten! Es ist die Haltung, die wir an so vielen bewundern: An den Märtyrern der frühen Kirche bis hin zu den Christusnachfolgern unserer Tage. - Weil unsere Kirchengemeinde sich nach ihm benennt, möchte ich an dieser Stelle ein von mir gekürztes Gedicht von Dietrich Bonhoeffer einfügen, das er einem Brief vom 8.Juli 1944 aus der Haftanstalt Tegel beigelegt hatte und das uns etwas über sein Selbstverständnis sagt:

"Wer bin ich? Sie sagen mir oft / ich träte aus meiner Zelle
gelassen und heiter und fest / wie ein Gutsherr aus seinem Schloß ...
Wer bin ich ? Einsames Fragen treibt mit mir Spott
Wer ich auch bin, Du kennst mich, dein bin ich, o Gott!"

(Er wurde im KZ Flossenbürg in den
Morgenstunden des 9. April 1945 erhängt)

3.Wie die christliche Gemeinde den "Zweiten Advent" erwartet und was sie dabei tun kann.

Die Frage steht im Raum: Wann endlich hört die Not und Bedrängnis dieser Welt auf ? Wie lange müssen wir noch warten auf die Wiederkunft unseres Herrn in diese Welt ? Wie lange noch müssen wir beten: "Dein Reich komme"!? - Paulus hatte damit gerechnet: Der Anbruch des Gottesreichs stünde unmittelbar bevor. - Johannes der Täufer hatte seine Zweifel, als es zu Lebzeiten Jesu nicht angebrochen war. Darum seine Anfrage: "Bist du der, der da kommen soll? oder sollen wir auf einen anderen warten?“ - So haben wir es in der Schriftlesung aus Mt. 11 gehört. Wie lange also soll die Gemeinde noch warten? - Die Bibel gibt uns die Auskunft: "Ihr wisset weder Zeit noch Stunde !" - "Er kommt wie ein Dieb in der Nacht," wenn die meisten schlafen und nicht damit rechnen!

Dass man einschlafen kann, vor lauter Wartenmüssen, wird uns ja eindrücklich im Gleichnis von den 10 Jungfrauen (Mt. 25, 1-13) erzählt. Ich zitiere hier Bischof Dr. Werner Krusche, Magdeburg zu Mt. 25 (s.Lit.2): "Sie hatten sich nicht auf das unerwartete Wartenmüssen eingestellt. Und da hatte sich ihr Glaube, ihre innere Kraft, ihre Hoffnung verbraucht. Es dauerte ganz einfach zu lange. Sie hatten keine Reserven."... Und weiter sagt er: "Es ist ein merkwürdiger Zug in der Erzählung, dass auch die klugen Mädchen einschlafen. Damit ist wohl auf unser Sterben angespielt. Wir werden ja alle "einschlafen". Und in diesem Schlaf, in dem die Zeit mitgestorben ist und wir den Menschen aller Jahrtausende gleichzeitig sind, kommt der große Augenblick, da wir erweckt und vor dem Herrn stehen werden. Dann können wir nichts Versäumtes mehr nachholen. Aber was in unserer Lebenszeit - in der Spanne zwischen Geburt und Tod - sich an lebendiger Beziehung zu Jesus entwickelt, womit unser Leben sich da angefüllt hat an Glauben, Hoffen, Lieben, das bleibt, und das wird da sein und leuchten!"

Was also können wir tun in der Zeit des Wartens auf den "Zweiten Advent"? - Kann man sich vorbereiten auf seine Ankunft? Wie sieht das konkret und praktisch aus, was uns der Wochenspruch für den heutigen 3.Adventssonntag empfiehlt . "Bereitet dem Herrn den Weg, denn siehe, der Herr kommt gewaltig!" ? (Mt.3,3,). - Vermutlich können wir ihm, der die Liebe ist, nicht anders begegnen, als uns zu üben in seiner Art, den Menschen zu begegnen. Wir werden nicht einfach darauf warten, dass wir beschenkt werden, sondern selbst hingehen und suchen die Not zu lindern, den in Not geratenen beistehen und - soweit die Mittel reichen - für sie bezahlen. Weil er der "Friedefürst" ist, sind wir aufgerufen, seinen Frieden unter die Leute zu bringen, - zuerst denen, denen wir in den kommenden Festtagen begegnen, - Damit wäre wenigstens ein Zeichen gesetzt, für die, die an Gottes Fürsorge zweifeln. - Und was sein Gericht betrifft, so können wir gewiß sein, dass der Weltenrichter kein anderer ist als der, dessen Geburt wir an Weihnachten feiern!

Und der Friede Gottes, welcher höher ist als alle Vernunft, der bewahre unsere Herzen und Sinne in Jesus Christus!

Amen.

Literatur:

1. Heinzpeter Hempelmann in: Theologische Beiträge 09-6, 40.Jg. 2009, S. 382, SCM R. Brockhaus Verlag, Witten

2. W. Krusche in einer Lesepredigt zum Ewigkeitssonntag 1979

Verlorene Söhne und ein liebevoller Vater

Predigt in Freiamt-Brettental (bei Emmendingen) am 28. 06. 2009

3. Sonntag nach Trinitatis

Lukas 15, 1-3 + 11-32

Der Predigttext (leicht gekürzt):

(1.) "Es nahten aber zu ihm allerlei Zöllner und Sünder, dass sie ihn hörten. (2) und die Pharisäer und Schriftgelehrten murrten und sprachen: Dieser nimmt die Sünder an und isst mit ihnen. (3) Er sagte aber zu ihnen dies Gleichnis und sprach:..(11) Ein Mensch hatte zwei Söhne (12) Und der jüngere unter ihnen sprach zu dem Vater: Gib mir Vater das Teil der Güter, das mir gehört. Und er teilte ihnen das Gut. (13) Und nicht lange danach sammelte der jüngere Sohn alles zusammen und zog ferne über Land.; und daselbst brachte er sein Gut um mit Prassen. (14) Als er nun all das Seine verzehrt hatte, ward eine große Teuerung durch das ganze Land, und er fing an zu darben. (15) Und ging hin und hängte sich an einen Bürger desselben Landes; der schickte ihn auf seinen Acker, die Säue zu hüten. (16) Und er begehrte, seinen Bauch zu füllen mit Trebern, die die Säue aßen; und niemand gab sie ihm. (17) Da schlug er in sich und sprach: Wieviel Tagelöhner hat mein Vater, die Brot die Fülle haben, und ich verderbe im Hunger. (20) Und er machte sich auf und kam zu seinem Vater. Da er aber noch ferne von dannen war, sah ihn sein Vater, und es jammerte ihn, lief und fiel ihm um seinen Hals und küßte ihn. (22) der Vater sprach zu seinen Knechten: Bringt schnell das beste Kleid und tut es ihm an und gebt ihm einen Fingerreif an seine Hand und Schuhe an seine Füße (23) und bringt das Kalb, das wir gemästet haben, und schlachtet´s ; lasset uns essen und fröhlich sein, (24) denn dieser, mein Sohn war tot

und ist wieder lebendig geworden; er war verloren und ist gefunden worden... (25) Aber der ältere Sohn war auf dem Felde. Und als er nahe zum Hause kam hörte er das Singen und den Reigen... (28) Da wurde er zornig und wollte nicht hineingehen. Da ging sein Vater heraus und bat ihn. (29) Er aber antwortete und sprach zum Vater: Siehe, so viele Jahre diene ich dir und habe dein Gebot noch nie übertreten; und du hast mir nie einen Bock gegeben, dass ich mit meinen Freunden fröhlich wäre... (31) Er aber sprach zu ihm: Mein Sohn, du bist allezeit bei mir, und alles, was mein ist, das ist dein. (32) Du solltest aber fröhlich und guten Mutes sein; denn dieser, dein Bruder war tot und ist wieder lebendig geworden, er war verloren und ist wiedergefunden."

Liebe Gemeinde,
Kaum ein Gleichnis Jesu hat eine solche Wirkung entfaltet, wie das "Gleichnis vom verlorenen Sohn" aus dem 15. Kapitel des Lukas-Evangeliums. Große Werke der bildenden Kunst (Rembrandt; Holzschnitt von Walter Habdank u.ö.), Werke der Literatur (André Gide, Die Heimkehr des verlorenen Sohnes, Henri J.M. Nouwen, Nimm sein Bild in dein Herz, Herder 1991, s. Lit.1) selbstverständlich Werke aus Theologie und Geisteswissenschaften haben sich um eine Deutung bemüht. Ein Kollege (H.Giese, Berlin) hat festgestellt, dass der sog. "Heidelberger Katechismus" seine drei Hauptteile aus diesem Gleichnis abgeleitet hat:
"Von des Menschen Elend - Von des Menschen Erlösung - Von der Dankbarkeit". Der Stoff ist so packend, dramatisch und aktuell, dass er sogar Thema eines modernen Musicals geworden ist (Lit. 2). - Es war schon eindrucksvoll, was die 70 Teenager mit der Live-Band von "Adonia" vor kurzem im Freiämter Kurhaus geboten haben (am 05. Juni 09):

" Was bist du für ein Vater? / Was hast du für ein Herz?
Wie groß ist deine Liebe / Wie fühlst du meinen Schmerz
Deine Tür ist offen / und du lädst mich ein
Ich darf ganz neu hoffen / und ewig bei dir sein,"...

singt der jüngere Sohn.

Bischof Wolfgang Huber hat in seinem Buch, "Der christliche Glaube, Eine evangelische Orientierung" (Lit.3), unter anderem darauf hingewiesen, dass man dieses Gleichnis gar als Motto zu Beginn eines familientherapeutischen Buches finden kann! Wen wunderts? wird doch hier am Beispiel eines großartigen Vaters und seiner zwei völlig verschiedenen Söhne nicht nur grundsätzlich das Verhältnis zwischen Gott und Mensch dargestellt, sondern es werden damit zugleich grundlegende Fragen von Erziehung und Pädagogik angeschnitten, die gerade heute, in einer Zeit, in der junge Leute größere Möglichkeiten der Selbstverwirklichung haben, wichtig sind und immer wieder diskutiert werden:

Da gehen im Zuge der Studienreform Studenten auf die Straße und demonstrieren gegen die zunehmende Verschulung auch an den Universitäten und Hochschulen. Auf der anderen Seite höre ich immer wieder von jungen Menschen, die mit der angebotenen Freiheit nicht zurechtkommen. - Vor ein paar Tagen erzählte mir der Sohn von Freunden von einem Bekannten, der gerade dabei sei, im 20.Semester seines Psychologie-Studiums aufzugeben, weil er endlich mal Geld verdienen und zu seinem Lebensunterhalt beitragen muß.

Wie verhalten sich in entsprechenden Situationen verantwortungsbewußte und realitätsbezogene Eltern? - Machen lassen, weil Menschen ja nur reif werden können, wenn sie die Freiheit haben, sich auszuprobieren, Neues zu erkunden, auch wenn sie dabei Federn lassen, möglicherweise unter die Räder kommen? Oder soll man zugunsten einer gewissen Sesshaftigkeit und Bodenständigkeit oder aus Beschützertrieb - vielleicht sogar Gluckenhaftigkeit - Freiheit verhindern?

Der Vater im Gleichnis Jesu läßt seinen Sohn ziehen! Nicht aus Gleichgültigkeit oder Bequemlichkeit, weil er das Gedrängle satt hat und endlich seine Ruhe haben will. Eher schweren Herzens, denn er kennt ja seine Pappenheimer, er sieht voraus, wie es kommen wird! - Das Problem des jüngeren Sohnes ist ja auch nicht, dass er einmal weg will von zuhause mit dem Ziel, erfahrener und gereifter zurückzukommen, etwa wie die Handwerksburschen vergangener Jahre. Was *er* will, ist Freiheit ohne Grenzen - Freiheit ohne Verantwortung, hemmungslose Freiheit! - Er nimmt für ein liederliches Leben in Kauf, dass von seinem Erbe, das ja auch Teil der Alterssicherung seines Vaters ist, nichts übrigbleibt! Damit nimmt er auch in Kauf, dass er seinem Vater schadet, möglicherweise auch seinem Bruder. - "Freiheit ohne Grenzen", Freiheit ohne Verantwortung führt in aller Regel in Abhängigkeit und Unfreiheit. Darum mahnt der Apostel Paulus: "Zur Freiheit hat uns Christus befreit - so bestehet nun in der Freiheit!" (Gal. 5.1).

Es kommt wie es kommen muß: Das Geld ist bald verputzt, Freundschaften und Sympathien sind schnell verspielt. Jetzt muß er selbst für sich sorgen, aber, so heißt es im Gleichnis: "Es herrschte Hungersnot in jenem fremden Lande". Und wo Rezession herrscht, findet er keine Arbeit, jedenfalls keine ordentliche. Er landet bei den Schweinen. Und selbst den Schweinefraß muß er stehlen, weil er ihn nicht freiwillig bekommt! - Damit landet er in der Ehrlosigkeit, im völligen gesellschaftlichen - und auch religiösen - Abseits. Es ist nicht schwer, sich auszumalen, wie das bei uns aussehen könnte! - Jetzt hat er zwei Möglichkeiten: Durchhalten bis zum bitteren Ende. Untergehen mit einem Rest an Stolz und Selbstachtung. - Oder: Sein Versagen eingestehen, nach Hause gehen, um Verzeihung bitten, alle Konsequenzen tragen, alles ertragen, nur wieder daheim sein! - Und als er dann tatsächlich heimkommt, hat ihn sein Vater längst erwartet. Der achtet nicht auf seinen Stand vor all den andern in seinem Hause. Er rächt sich nicht für den Leichtsinn und die verletzte Ehre. Er schiebt alle Bedenken, die unsereinem kommen mögen auf die Seite, rennt dem heruntergekommenen Kerl entgegen und drückt ihn ans Herz! - Das Folgende geschieht fast im Zeitraffer, es drängt: Nichts ist jetzt wichtiger für den Vater als das: Schnell das beste Gewand; einen Siegelring an die Hand zum Zeichen der Prokura und der Verfügungsgewalt über den väterlichen Besitz. Schnell Schuhe an die Füße, barfuß gingen nur die Sklaven! - Das Mastkalb geschlachtet, - ein Riesenfest!

Der ältere Sohn erfährt es: Das kann doch nicht wahr sein! Für den ein Fest! Soviel Aufhebens, so viel Ehre! - Hat es für mich noch nie gegeben! Der Neid steht ihm ins Gesicht geschrieben. Er neidet dem Jüngeren dessen Erfahrungen, offensichtlich auch dessen Luderleben, - gerade auch, weil jener dafür nicht bezahlen muß, weil jenem die Liebe des Vaters auch jetzt noch gilt. Die Freude des Vaters über den Heimgekehrten stellt alles in den Schatten: "Jener war verloren und ist wieder gefunden! Er war tot und ist wieder lebendig! "Das muß gefeiert werden! Daran setzt Gott alles: - Dass das Verlorene gefunden wird, und das Tote, ja die Toten! lebendig werden. Dafür gibt er seinen Sohn, Jesus Christus: "Also hat Gott die Welt geliebt, dass er seinen eingeborenen Sohn gab, damit *alle,* die an ihn glauben, nicht verloren werden, sondern das ewige Leben haben! "lesen wir im 3.Kapitel des Johannes-Evangeliums.

Seine Liebe strahlt wohltuende und heilende Wärme aus! - Ich sehe in

Gedanken meinen theologischen Lehrer für Altes Testament, Professor Gerhard von Rad im Hörsaal 15 der Heidelberger Universität, wie er begeistert sagt: "Gottes Liebe ist wie ein Backofen! " Sie ist nicht berechnend, sie vergleicht nicht. Sie ist voller Zuneigung und Wärme!" - Der ältere Sohn aber vergleicht. Er vergleicht seine Leistung mit dem Nichtsnutz! Sein vordringlicher Gedanke ist: Unser Vater ist ungerecht! Er will dem Vater geradezu vorschreiben, wie er sich zu verhalten hat. Er gönnt dem Bruder die Liebe des Vaters nicht. Und damit distanziert er sich von beiden: Vom jüngeren Bruder und auch vom Vater! - Im Grunde ist der ältere Bruder, obwohl er nie von zuhause weggegangen und immer beim Vater war, im eigenen Haus ein Fremder geblieben. Er hat noch nicht verstanden, was das bedeutet, daheim beim Vater zu sein, - und es sieht ganz danach aus, dass er auch den Vater mißverstanden hat. - Vielleicht ist er deshalb auch der verlorenere Sohn! - So kann er das Fest nicht mitfeiern und wird möglicherweise zum Spielverderber! - Ob er es noch schafft, wissen wir nicht. Das Gleichnis läßt es offen. Aber klar ist: Dass der Vater auch ihm entgegengeht, ihn geradezu demütig bittet und bedrängt, sich mitzufreuen und mitzufeiern. Und wegen dieser unerschütterlichen nachgehenden Liebe Gottes, die keinen aufgibt, auch ihn nicht! - bin ich - auch aufgrund anderer biblischer Texte - der Meinung, dass er es am Ende schafft.

Eben darum hat Jesus dieses Gleichnis den Pharisäern und Schriftgelehrten, den Frommen und den Autoritäten seiner Zeit erzählt, weil sie wie der ältere Bruder eine bevorzugte Behandlung durch Gott beanspruchen - weil sie Gott vorschreiben wollen, wen er zu lieben hat! Jesus will sie zum Nachdenken, ja zum Umdenken bringen. Am Vater zeigt er, wie Gott ist. Sie sollen verstehen, dass Gottes Liebe keine Einschränkungen macht, weil er gar nicht anders kann, - weil er die Liebe ist! Gott lädt alle ein nach Hause zu kommen, das Fest ist für alle da, die mitmachen wollen. Das sollen sie akzeptieren! Die Verlorenen nach Hause zu holen, ist die Aufgabe Jesu. - Darum verkehrt er mit Sündern und Zöllnern und ißt mit ihnen: Sein Selbstverständnis und seinen Auftrag definiert er so: "Der Menschensohn ist gekommen, zu suchen und selig zu machen, was verloren ist!" (Lk. 19 10) Bitte hindert mich nicht daran!

Wo finden *wir* uns in dem Gleichnis Jesu? - Wahrscheinlich an vielen Stellen und vielleicht zu unterschiedlichen Zeiten. Mal sind wir der eine, mal der andere Sohn, manchmal beide gleichzeitig. - Unsere Aufgabe wird sein: Darüber nachzudenken, wo wir umzukehren und umzudenken haben, damit wir nicht Gottes Sache - und am Ende uns selbst - im Wege stehen.

Als christliche Kirchengemeinde von Freiamt-Brettental werden wir immer wieder ganz konkret darüber nachzudenken haben, was zu tun ist, dass "die Kirche im Dorf und das Dorf in der Kirche bleibt" (M. Toball, Gemeindepfarrer von Freiamt). Uns zur Freude und Gott zur Ehre!

Amen.

Literatur:

1. André Gide, Die Heimkehr des verlorenen Sohnes (Le retour de l´enfant prodigue), Hg. Ulrich Gut, Stäfa AG und Küsnacht, Weihnachten 1971

1a. Henri J.M. Nouwen, Nimm sein Bild in in dein Herz, Geistliche Deutung eines Gemäldes von Rembrandt, 17.Aufl. Herder 1991

2. Adonia Musical, Der Verlorene Sohn, Hg.Markus Heusser, Adonia e.V. Karlsruhe

3. Wolfgang Huber, Der christliche Glaube, Eine Evangelische Orientierung, Gütersloh, 3.Aufl.2008, S.103

Ansprache beim Abschiedsgottesdienst auf einer Seereise

Kurz - Predigt vor den Lofoten (Norwegen), am 26.10. 2008

23. Sonntag nach Trinitatis (auf MS Nordkapp der Hurtigrutenlinie)

Psalm 139

Bibeltexte:

Psalm 139

(1) "Ein Psalm Davids vorzusingen. (2) Ich sitze oder stehe auf, so weißt du es; du verstehst meine Gedanken von Ferne. (3) Ich stehe oder liege, so bist du um mich und siehst alle meine Wege. (4) Denn siehe, es ist kein Wort auf meiner Zunge, das du Herr, nicht alles wissest. (5) Von allen Seiten umgibst du mich und hältst deine Hand über mir. (6) Solche Erkenntnis ist mir zu wunderbar und zu hoch; ich kann sie nicht begreifen. (7) Wo soll ich hin gehen vor deinem Geist, und wo soll ich hin fliehen vor

deinem Angesicht ? (8) Führe ich gen Himmel, so bist du da. Bettete ich mich in die Hölle, siehe, so bist du auch da. (9) Nähme ich Flügel der Morgenröte und bliebe am äussersten Meer, (10) so würde mich deine Hand daselbst führen und deine Rechte mich halten ... "

Markus 4, 35-41

(35) " Und an demselben Tage des Abends sprach er zu ihnen: Lasst uns hinüberfahren.

(36) Und sie ließen das Volk gehen und nahmen ihn mit, wie er im Schiff war, und es waren noch andere Schiffe bei ihm. (37) Und es erhob sich ein großer Windwirbel, und die Wellen schlugen in das Schiff, so dass das Schiff schon voll ward. (38) Und er war hinten auf dem Schiff und schlief auf dem Kissen. Und sie weckten ihn auf und sprachen zu ihm: Meister, fragst du nichts danach, dass wir verderben ? (39) Und er stand auf und bedrohte den Wind und sprach zu dem Meer: Schweig und verstumme! Und der Wind legte sich , und es ward eine große Stille. (40) Und er sprach zu ihnen: Wie seid ihr so furchtsam? Wie habt ihr denn so keinen Glauben ? (41) Und sie fürchteten sich sehr und sprachen untereinander: Wer ist der ? Selbst Wind und Meer sind ihm gehorsam. "

(Die Texte wurden auf deutsch und englisch gelesen / die Ansprache ins Englische über-setzt)

Verehrte Damen und Herren, liebe Mitreisende,
Es ist Sonntag, der 26. Oktober 2008 und der vorletzte Tag einer gelungenen Seereise von Bergen in Norwegen bis hinauf nach Kirgenes an die norwegisch-russische Grenze, 37 Kilometer von Murmansk und wieder zurück.

Eine Dame aus unserer Reisegruppe sprach mich gestern Abend an: Es sei doch angebracht, für all das in dieser Zeit Empfangene an Eindrücken und auch Begegnungen nun auch dankeschön zu sagen. - Ich denke, dass Sie recht hat. Und dass Sie dem zustimmen zeigen Sie allein schon dadurch, dass Sie auf die spontane Einladung per Lautsprecher zu dieser Andacht so zahlreich in die Lounge gekommen sind.

Wir haben gerade die Lofoten, durchlaufen und sicher ist Ihnen die vergangene Nacht mit ihren Windstärken und dem gewaltigen Seegang in entsprechender Erinnerung. Es war ja so schlimm, dass wir durch die Hafenbehörde keine Erlaubnis bekommen hatten, mit unserem Schiff Svolvaer, die Hauptstadt der Lofoten nocheinmal anzulaufen. - Obwohl viele geneigt sind, den Glauben an Gott durch das Vertrauen in eine immer vollkommere Technik zu ersetzen, hat dieses Denken gestern Nacht ein paar Risse bekommen. Sicher kommt die Forschung voran. Vieles können wir heute machen, was noch vor nicht allzulanger Zeit undenkbar gewesen wäre. Vieles gelingt uns, vieles ist sicherer geworden und ich sage bewußt: Gott sei Dank!- Aber zwischen den Apparaten, Maschinen und Computern steht der Mensch, der das alles bestimmen, überschauen und verantworten soll!

Als ich gestern Nacht meine Kajüte verließ, auf der Treppe so manches Mal ins Leere tretend, als ich dann weiter unten vor mancher Kajüte zerknäulte Wäsche liegen sah und Menschen begegnete mit Wassereimern und Putzlappen, kam in mir die Erinnerung an die Schiffskatastrophe der "Estonia" hoch, bei der im September 1994 auf ihrem Weg von Talinn nach Stockholm 852 Menschen ums Leben gekommen waren (Anm./ Lit.). - Wie konnte es dazu kommen? Was war die Ursache? Waren es technische Probleme, menschliches Versagen, Tätigkeit von Geheimdiensten , Sabotage? - Wir wissen es bis heute nicht.

Mir fiel der 139. Psalm ein und ich dachte an die Stillung des Sturms, wie er im Neuen Testament im 4. Kapitel des Markusevangeliums berichtet wird. Das Nachdenken über diese beiden Texte war für mich wie ein Aha-Erlebnis: - "Herr, du erforschest mich und kennest mich! - Von allen Seiten umgibst du mich und hältst deine Hand über mir! - Und stürzte ich in die Hölle... und flöge ich ans äußerste Meer, so bist du auch da! - Texte, mit denen man ungehorsamen Kindern Angst machte: "Gott sieht alles!" - haben auf einmal eine ganz andere Bedeutung. Sie strahlen letzte Geborgenheit aus, sind Anlaß, ruhig zu werden: In Stürmen auf See, in Turbulenzen in der Luft, in ganz anders gearteten Stürmen unseres Lebens, die uns ängsten und verunsichern, wird uns gesagt, dass Gott da ist und uns nicht im Stich läßt, wenn wir uns nur an ihn wenden! - Solches Wissen schafft Gelassenheit, auch wo die Situation alles andere als lustig ist. Ich wünsche Ihnen solches Vertrauen und sage "Amen". Das heißt auf deutsch: "So ist es!"

Anmerkungen / Literatur:

Die "Estonia" war eine RoRo -Ostseefähre, die am 28. September 1994 auf ihrem Weg von Tallinn nach Stockholm vor der finnischen Insel Utö sank. Der Untergang der "Estonia" markiert mit seinen 852 Todesopfern das schwerste Schiffsunglück der europäischen Nach-kriegsgeschichte. Starker Wellengang bis zu 10m Höhe behinderte die Rettungsmaßnah-men. Lediglich 137 Menschen konnten gerettet werden. (Aus http:// de.Wikipedia .org/wiki/Estonia).

Werft euer Vertrauen nicht weg!

Predigt in Emmendingen am 07.09.2008 (Krankenhaus u. Stadtkirch Emmendingen)
Gottesdienst mit Abendmahl
Hebräer 10, 35-39

(35) " Darum werfet euer Vertrauen nicht weg, welches eine große Belohnung hat. (36) Geduld aber ist euch not, auf dass ihr den Willen Gottes tut und das Verheißene empfangt. (37) Denn "noch über eine kleine Weile, so wird kommen, der da kommen soll und wird´s nicht hinziehen. (38) Mein Gerechter aber wird aus Glauben leben. Wer aber weichen wird, an dem wird meine Seele keinen Gefallen haben" (39) Wir aber sind nicht von denen, die da weichen und verdammt werden, sondern von denen, die da glauben und die Seele eretten. "

Liebe Gemeinde,
Wir Christen sind in die Nachfolge Jesu berufen. Das macht unsere Qualität aus und ist Grund genug, fröhlich und dankbar zu sein.
Das heißt aber nicht, dass wir aus allen Ängsten, Sorgen und Problemen dieser Welt herausgenommen sind. "Wir sind nicht von der Welt, aber immer noch in der Welt", sagt der Apostel Paulus. Der Hebräerbrief faßt das unter dem Begriff zusammen: "Wanderndes Gottesvolk". Wir sind unterwegs auf das Ziel, aber noch nicht an gekommen. Darum beten wir immer noch : "Dein Reich komme!"

Und auf unserem Weg machen wir unsere Erfahrungen. Da geht es durch blühende Gärten, wo unser Herz jauchzt: "Ich lobe meinen Gott von ganzem Herzen... "und da gibt es Durststrecken, auf denen wir wahrscheinlich alle fragen, ob das denn der richtige Weg sein kann. - In solchen Situationen sind wir geneigt, auszusteigen oder Gott zumindest die Vertrauensfrage zu stellen. Es tröstet mich ein wenig, dass dies sogar Leuten aus dem "Urchristentum" so gegangen ist. Die Adressaten des Hebräerbriefs, wahrscheinlich Judenchristen der 2.Generation, also im 1.Jahrhundert nach Christi Geburt hatten offensichtlich Probleme mit ihrem Glauben. Deshalb beknieet sie der Briefeschreiber geradezu und fordert sie auf: "Werft euer Vertrauen nicht weg!" Und das gilt allen Christen und Christengemeinden in ihren Wüsten und auf ihren Durststrecken: Jetzt ja Geduld haben. Auf keinen Fall aufgeben oder gar aussteigen!

Der Verfasser des Hebräerbriefs erinnert sie an das, was sie durchgemacht hatten an harten Verfolgungszeiten: Verspottungen, Konfiszierung ihres Vermögens, - manche waren im Gefängnis gelandet! - All das hat die Gemeinden nicht zerstört. - Nun ist die Zeit der Verfolgung zunächst vorbei. Die Apostel leben wahrscheinlich nicht mehr. Der versprochene Anbruch der Gottesherrschaft in naher Zukunft hat sich nicht ereignet. An die Stelle der anfänglichen Begeisterung tritt enttäuschte Hoffnung und Resignation. Frust macht sich breit: War aller Einsatz, waren alle Opfer umsonst? Es passiert nur noch das Alltägliche, nichts Sensationelles mehr. Langeweile schleicht sich ein. Das Interesse erlahmt. Das Fernbleiben vom Gottesdienst wird zur Gewohnheit. Jetzt ist *Geduld* gefragt, und die gegenseitige Ermutigung wird in der Gemeinde zu einer vordringlichen Aufgabe. Unter diesen Umständen wird mancher seinen Platz in der Gemeinde geräumt und sich anderen religiösen Gruppen angeschlossen haben! - Hat das nicht eine gewisse Ähnlichkeit mit der kirchlichen Situation in der DDR und in den atheistisch ausgerichteten Ländern in den letzten 50 Jahren? Was hat man nicht alles unternommen, um die Kirche zum Absterben zu bringen? Aber die Gemeinden haben überlebt. Manche wurden sogar lebendiger! - Die größte Gefahr ist nicht der Druck von außen. Die größte Gefahr kommt von innen, wenn sich Trägheit, Gleichgültigkeit und Resignation breit machen... (Lit.1).

Aus einer Dokumentation des Greifswalder prakt.Theologen Michael Herbst auf dem Württembergischen Gemeindekonkress im April 2008 geht hervor, dass derzeit ca.80 % der Bevölkerung der Neuen Bundesländer konfessionslos sind, -

zugleich wird in derselben Dokumentation mit dem Titel "Wie die Kirche wachsen kann" eine Studie angestoßen, die herausfinden soll, "wie die Wege aussehen, die Menschen heute gehen, um dann irgendwann zu sagen: "Ich glaube an Jesus Christus, und er ist für mein Leben von großer Bedeutung (Theol.Beiträge a.a.O. S.215 u.219) - Es gibt bereits positive Rückmeldungen!

Ich möchte an diesem Punkt, wo es in unserem Predigttext um Gottes Heilstat in Jesus Christus geht, wieder anknüpfen. "Werft euer Vertrauen nicht weg, welches eine große Belohnung hat!" - Dieser Aufruf steht in unserem Text nicht isoliert da, sondern weist mit dem kleinen Wörtchen "darum" auf den Grund unseres Vertrauens hin *"Darum"* werft euer Vertrauen nicht weg, und jeder wird fragen: Warum also? - Die Antwort finden wir in den Kapiteln, die unserem Predigttext vorausgehen, ja, man kann sagen, der ganze Brief an die Hebräer hat dieses Hauptthema! - In Anknüpfung an das Amt des Hohepriesters im Alten Testament, der jedes Jahr am großen Versöhnungstag als Mittler zwischen dem Volk und seinem Gott mit dem Opferblut von Tieren zusammen die Sünden des Volkes vor Gott brachte und damit sühnte, - in Bezugnahme auf dieses Mittleramt des Hohepriesters stellt der Verfasser des Hebräerbriefes fest: In Jesus Christus haben wir einen *Hohepriester*, der uns *mit seinem eigenen Blut* am Kreuz auf Golgatha mit Gott versöhnt hat! - Ab jetzt bedarf es keiner weiteren Opfer und Anstrengungen von Seiten des Menschen! Sein Opfer gilt *umfassend und ein für allemal!* (Hebr. 9,28). Ab jetzt gilt: Deine Sünden sind dir vergeben! Du bist gerechtgesprochen vor Gott. Gott akzeptiert dich um Jesu Christi willen, du bist angenommen, du bist ok!

Das wird uns mit dem *Abendmahl* spürbar, - ja schmeckbar! - zugesagt: Du bist angenommen, du bist ok!" Und in der Gemeinschaft der Angenommenen gehören wir zur Familie Gottes, sind Schwestern und Brüder in Jesus Christus! - In Jesus Christus zeigt uns Gott seine ganze Treue und Liebe. Wir können für uns die Zusage in Anspruch nehmen: "Wer mein Wort hört und glaubt dem, der mich gesandt hat, der hat das ewige Leben und kommt nicht ins Gericht, sondern der ist vom Tod zum Leben hindurchgedrungen!" (Joh.5, 24.).

Hier sehen wir auch den Bezug zu den anderen Texten für den heutigen Sonntag, sowohl in der Schriftlesung als auch im Wochenspruch, den ich vor dem Segen vor-lesen werde. - In beiden wird Jesus Christus als Herr über Tod und Vergänglichkeit und Bringer des ewigen Lebens vorgestellt. Das ist die große

Belohnung, von der in dem Aufruf die Rede ist, unser Gottvertrauen nicht wegzuwerfen! Und der Verfasser des Hebräerbriefs ist fest davon überzeugt, dass dies bald geschehen wird. Noch eine kleine zeitlang und Gott wird sein Versprechen einlösen und Jesus wird kommen die Gottesherrschaft herbeizuführen! - Leider ist das bis heute noch nicht eingetreten, und wir leben fast 2000 Jahre später als die Adressaten des Hebräerbriefs! - Das kann die Geduld der Gläubigen arg strapazieren! Wie lange sollen sie noch singen: "Wir warten dein, o Gottes Sohn"(EG 152)?

Es ist gut, dass zur Verkündigung des Evangeliums auch das Engagement in der sozialen, diakonischen und karitativen Arbeit gehört! Hier können wir uns derweilen sinnvoll betätigen - und gut für´s Image ist es auch! Von vielen Menschen werden wir ja nur über diese Schiene wahrgenommen!

Werft euer Vertrauen nicht weg, welches eine große Belohnung hat. Und nun auch: übt euch in Geduld, Liebe Brüder und Schwestern ! und laßt nicht locker! - *Denn:* Wer einmal voll dabei war und jetzt abfällt und die Barmherzigkeit Gottes bewußt ablehnt, für den ist der letzte Zug abgefahren. Ein Wiederaufspringen gibt es nicht, denn er hat das letzte Angebot Gottes ausgeschlagen! Sein Lohn ist das Gericht und die Verdammnis! - Diese Problematik wird nirgends so ernsthaft erörtert wie im Hebräer-brief und auch in unserem Textabschnitt. Davon redet die Kirche nicht so gerne, denn es schafft nicht unbedingt Sympathien! Und man hat ja - vor allem im Mittelalter - diese Vorstellung in übler Weise mißbraucht! - Ich würde mich aber schuldig machen, würde ich es verschweigen!

Nach all diesen Aufrufen, Ermahnungen und Drohungen wird der Verfasser des Hebräerbriefes wieder versöhnlicher. Er reiht sich in die Reihen der angesprochenen Christen ein und erklärt: "Wir aber gehören nicht zu denen, die da weichen und verdammt werden, sondern zu denen, die da glauben und die Seele erretten!" - So sind wir weiter auf dem Weg zum Ziel. Und ich traue Gott zu, dass er es uns nicht vorenthält, denn "sein Wort ist wahr und trüget nicht und hält gewiß, was es verspricht!" (EG 473,3). Der Sachverhalt ist deutlich. Jetzt kommt es darauf an, dass wir uns darauf einlassen! - Also: Werft euer Vertrauen nicht weg!

Amen.

Hinweise / Literatur:
1. vgl. Uwe Czubatynski, Predigt z.Stelle am 14.09.2002 in der Kirche zu Roddan
Internet: http://Uwe.Czubatinski.bei.t-online.de/Kirche.html
2. Michael Herbst in: "theologische beiträge", rolf brockhaus 08-4 39.Jg. August 2008, S. 215 u. S.219
(Internet: www.theologische-beiträge.de, ISSN 0342-2372)

Ein Elternwunsch

Predigt im Taufgottesdienst in der Wallfahrtskirche Klingenzell / CH (bei Stein a.Rh.)
am 10. 05. 2008
Psalm 91, 11

Liebe Taufgemeinde, liebe Freunde, Paten und Verwandte,
vor allem: Liebe Petra und lieber Johannes,

Wir haben die kleine Marion getauft.
Den Taufspruch, den ihr für sie ausgesucht habt, haben wir bereits gehört. Er steht in *Psalm 91,Vers 11: "Er hat seinen Engeln befohlen über dir, dass sie dich behüten auf allen deinen Wegen" und es heißt weiter: "dass sie dich auf Händen tragen, und du deinen Fuß nicht an einen Stein stoßest." (V. 12).*

Dazu nun ein paar Gedanken:
Manchmal haben wir schon das Gefühl, dass der Teufel los ist - in unserer Welt. Wir brauchen ja nur die Zeitung aufzuschlagen, um uns der Bedrohungen um uns herum bewußt zu werden. Wir lesen von Kriegen, Naturkatastrophen, Zugunglücken, Flugzeugabstürzen, Massenkarambolagen auf der Autobahn, - Gewalt aber auch in der Schule und in der Familie - Kindesmißbrauch!

Oft kommt das Böse rafiniert daher, nicht ohne Weiteres als das Böse erkennbar, oft sind wir dem Bösen so überraschend und so hilflos ausgesetzt, dass wir keine Chance haben, uns zu wehren. Was hilft es schon, wenn jemand ein guter Autofahrer oder eine gute Autofahrerin ist, wenn plötzlich Steine oder Holzklötze von der Brücke fliegen? - Ein Schutzengel müßte her! - Gott selber müßte uns behüten! Genau dies wünscht Ihr Euch, liebe Petra lieber Johannes für Euer Kind. Deshalb habt ihr diesen Taufspruch ausgesucht.

Ich kann euch gut verstehen. Dazu ein kleines Erlebnis, das ich kürzlich mit meinem dreieinhalbjährigen Enkel Christian hatte: Emmendingen, Ende April dieses Jahres. Ich stehe in der Montagegrube meiner Garage und mache für einen Freund einen Ölwechsel. Meine Tochter Renate kommt mit Christian nach Hause. Der sieht die offene Motorhaube, will mir zusehen, rast in die Garage und landet 2 Meter tiefer neben mir und einer Eisenleiter auf dem Betonboden der Montagegrube. Das alles ging blitzschnell, keine Chance, es zu verhindern! - Er steht auf, kein Kratzer, keine Schramme. Ich spüre noch förmlich den Flügelschlag seines Schutzengels! - Sind so die Engel, die uns begleiten sollen auf allen unseren Wegen? Ich habe nichts gesehen, auch keinen Engel mit Flügeln. - In der Bibel und auch in der christlichen Kunst werden sie ja meist mit Flügeln dargestellt. Und dem lieben Gott traue ich alles zu: auch Engel mit Flügeln! Dennoch bin ich mir sicher: Sie brauchen sie nicht unbedingt, die Flügel. Das mit den Flügeln hängt einfach damit zusammen, dass wir uns vorstellen, dass Gott "im Himmel" ist und wir auf der Erde. Wie also soll das zusammen kommen ohne Flügel? So denken wir! Aber Gott braucht keine Flügel und seine Engel, die ihren Namen von dem griechischen Wort "Angelos" oder auf lateinisch "Angelus" haben, was auf deutsch "Bote" heißt, die brauchen auch keine! - Zumindest die Autofahrer unter uns kennen die "Gelben Engel von der Landstraße". Die haben auch keine Flügel, höchstens moderne an ihren Rettungshubschraubern, und sie haben Motorräder und Autos, auf denen "ADAC" steht; und ich bin überzeugt, die kommen irgendwie auch von Gott, wenn sie Menschen helfen, die auf der Straße ein Problem haben. - Und Jesus? Hatte der etwa Flügel? - Der kam doch wie kein anderer auch von Gott! Und sein Name ist Gottes Programm für uns: "Jesus" oder hebräisch "Jehoschua" heißt auf deutsch: "Gott hilft", und er sagt von sich selbst: "Ich bin gekommen, zu suchen und selig zu machen, was verloren ist", oder wie wir es vorhin beim Anzünden der Taufkerze gehört haben: "Ich bin das Licht der Welt. Wer mir nachfolgt, der wird nicht wandeln in der Finsternis, sondern der wird das Licht des Lebens haben!" Das weißt uns auf einen Schutz und eine Bewahrung hin, die weit über die Bewahrung in unserem irdischen Leben hinausgeht. Sie geht über den Tod hin-aus, ist Bewahrung zum ewigen Leben!

Kehren wir zum Anfang zurück, wo wir festgestellt haben: Manchmal haben wir das Gefühl, dass der Teufel los ist, in unserer Welt! - Im Neuen Testament, in Mt. 4, 11, begegnet uns der Spruch, den ihr euerer Marion als Taufspruch mitgegeben habt, nocheinmal. Dieses mal aus dem Mund des Teufels! - Kurz nachdem sich Jesus im Jordan hatte taufen lassen, tritt ihm derTeufel entgegen und zitiert den Vers 11 u. 12 aus Psalm 91. und sagt: "Spring herunter von der höchsten Zinne des Tempels von Jerusalem, wenn du glaubst, dass Gottes Engel dich bewahren!" - Teuflische Versuchung! - Du sollst Gott, deinen Herrn nicht versuchen! antwortet Jesus! 3 mal tritt der Teufel an Jesus heran. Die Zahl "3" ist die Vollzahl. Immer sind wir in der Welt vom Bösen und der Versuchung bedroht! - Aber Jesus bleibt Sieger!- "Wer nun getauft wird", sagt der Apostel Paulus in Rö.6, "der wird mit Christus in seinen Tod getauft und taucht aus dem Wasser wieder auf zu neuem, ewigem Leben!" - Jesus hat sich taufen lassen, und er hat uns aufgetragen, dass auch wir durch das Zeichen der Taufe uns in seine Nachfolge nehmen lassen. Und wer in seiner Nachfolge steht, der hat den besten Schutzengel, den man sich denken kann!

Zum Schluß : Welche Konsequenzen ziehen wir?

1.In der Nachfolge Jesu stehen heißt: sich seiner Führung anvertrauen, nach seinem Willen zu fragen und möglicherweise eigene Wege aufzugeben.

2.Wem gilt die Verheißung, dass Gott seine Engel schickt, uns zu behüten? Dem, der unter dem Schirm des Höchsten sitzt und zu ihm seine Zuflucht nimmt. Das wird in der Regel im Gebet geschehen. Meistens machen wir uns Sorgen um alles mögliche: Um die Gesundheit, um den Partner, um die richtige Geschäftstaktik; verantwortungsbewußte Eltern sorgen sich um das Wohlergehen ihrer Kinder, nicht wenige Zeitgenossen machen sich Sorgen, was die Zukunft bringen wird. Sie meinen, sie könnten sie in den Griff kriegen, wenn sie sich in gewisse Praktiken flüchten. - Alles Holzwege! Nicht nur die Angst ist ein schlechter Ratgeber, sondern auch das sich Sorgen. Es ist das Gegenteil von (Gott-) Vertrauen! Es bringt nichts, außer einer inneren Hektik. Es macht einen am Ende krank und kaputt! - Darum schließe ich mit einem Rat, den uns der Apostel Paulus gibt: Er steht in seinem Brief an die Christen in Philippi, so wie auch der Trauspruch von Petra un Johannes (Philipper 1,9). Wir lesen in Kapitel 4, Vers 6 u. 7: "Macht euch keine Sorgen, sondern in allen Dingen bringt euere Anliegen in Gebet und Flehen mit Danksagung vor Gott!

Der Friede Gottes, welcher höher ist als alle Vernunft, bewahre euere Herzen und Sinne in Christus Jesus, unserem Herrn!"

Amen.

Anmerkung:

Namen teilweise geändert.

Erleuchtung tut not

Predigt in der Paulusgemeinde in Ettlingen, am 06.01. 2008

Epiphanias

(2. Korinther 4,3-6)

Liebe Gemeinde,

Das Weihnachtsfest, wie wir es in unseren Breiten feiern, liegt wieder hinter uns. Ich hoffe, dass Sie schöne Festtage hatten. Tage der Harmonie und Besinnlichkeit und der Geborgenheit im Kreise der Familie oder lieber Freunde.

Schön sind die geschmückten Straßen und Häuser. Die Lichter erhellen das Dunkel der Nacht. Es ist schön, in leuchtende Kinderaugen zu sehen, die Freude der Beschenkten mitzuerleben. Es ist nicht so schön, einzukaufen und Geschenke zu machen, wenn man kein Geld hat und den Pfennig umdrehen muß, wie so mancher in unseren Tagen! Und die Freude der andern kann zur großen Belastung werden für die, um die es einsam geworden ist, die einen geliebten Menschen verloren haben oder die nach einer schlimmen Diagnose im Krankenhaus liegen und sich Sorgen machen, wie es wohl weitergehen wird. - Und ich denke jetzt auch an alle die, die mit strahlenden Kinderaugen nichts am Hut haben und deren Verhalten wir dann in den Schlagzeilen der Zeitung lesen! - Ach, wie wünschte ich denen allen, dass ihnen ein Licht aufgeht, dass ihnen der Stern von Bethlehem leuchtet und sie zu Jesus führt, der selbst der helle Morgenstern ist, der es Tag werden läßt und die Dunkelheiten unserer Welt durchdringen will, und der letztlich der einzige Grund berechtigter Hoffnung ist! - Echte Weihnachtsfreude hängt damit zusammen, dass wir erkennen, dass uns in dem Kind in der Krippe Gott selber erschienen ist, dass er zwar Mensch und unser Bruder geworden ist, zugleich aber Gott geblieben ist und Macht hat, Dinge zum Guten zu wenden. Das ist das Thema des *Epiphaniasfestes*, das wir heute feiern! - Die zunächst fremd klingende Bezeichnung des Sonntags wird uns schnell verständlicher, wenn wir uns klarmachen, dass dieses griechische Wort zusammenhängt mit Begriffen, die wir häufig gebrauchen: Wir reden von Naturphänomenen, oder gut deutsch von Naturerscheinungen, wenn wir ein Wetterleuchten beobachten oder einen Kometen wie den Halleyschen Kometen oder den erst kürzlich über den Himmel fegenden Eisklotz 17P / Holmes. Wir sagen: etwas ist phänomenal, wenn es besonderes Staunen hervorruft. Phänomenal ist für mich zum Beispiel die Geburt eines Kindes und seine Entwicklung zu einem ausgewachsenen und glücklichen Menschen, - und ich wünsche dem gerade getauften Kind, dass dies zur Freude aller Beteiligten vollauf gelingt!

Der Stern von Bethlehem, der den Magiern den Weg zu Jesus gezeigt hat, war ein schon lange astronomisch-exakt wissenschaftlich nachgewiesenes Naturphänomen, und ich denke, dass er samt all den anderen Phänomenen jener Zeit, an die wir heute denken mögen, eine Randerscheinung ist gegenüber dem Phänomen aller Phänomene: dem Erscheinen Gottes in unserer Welt in der Geburt von Jesus von Nazareth, dem Christus! - So hat Johann Sebastian Bach über den sechsten Teil seines Weihnachtsoratoriums, den er für das Epiphaniasfest 1734 komponiert hat, geschrieben: "Am Feste der Erscheinung Christi". Und gleich im Eingangschor wird gegen die menschliche Ohnmacht Gottes Macht thematisiert: *"Herr, wenn die stolzen Feinde schnauben, so gib, dass wir im festen Glauben nach deiner Macht und Hilfe sehn!"* Dies aufzuzeigen war von Anfang an das Anliegen des Epiphaniasfestes. Deshalb waren neben der *Geburt Christi*, Inhalte der Verkündigung :

1. Die Anbetung der Magier mit ihren königlichen Gaben für das Jesuskind:
   Gold für den König - Weihrauch für den Gott - und Myrrhe als Grabbeigabe für den Erlöser.
2. Das Weinwunder zu Kana
3. Die Speisung der 5000, oder
4. Die Auferweckung des Lazarus von den Toten.

Bis in die 2.Hälfte des 4. Jahrhunderts unserer Zeitrechnung stand das Epiphaniasfest in der alten Kirche an der Stelle unseres heutigen Weihnachtsfestes, und die armenische Schwesterkirche ist bis heute dabei geblieben, und auch in den orthodoxen Kirchen des Ostens hat es eine herausragende Bedeutung behalten. Viel stärker als an Weihnachten blitzt hinter den armseligen Umständen der Geburt Jesu die Herrlichkeit (doxa, vgl."Doxologie") Gottes auf und zeigt uns die Göttlichkeit des Kindes: Hatte es an Weihnachten geheißen: *"Den aller Erdkreis nie beschloß, der liegt in nun in Mari-ens Schoß"*, so heißt es an Epiphanias umgekehrt: *Der in Mariens Schoß liegt, ist der, den die Welt nicht fassen kann!* Und weil der uns sagen läßt: Wir sollten uns nicht fürchten, auch wenn die Dunkelheiten unserer Welt nicht endgültig aufgehoben sind, und wir weiterhin beten müssen: *"Dein Reich komme!"*, habe ich Grund - auch in allerlei Anfechtung - zuversichtlich und fröhlich zu sein!

Wir haben vorhin gesungen: "Freut euch, wir sind Gottes Volk / weil wir Jesus Christus kennen, / uns nach seinem Namen nennen" (EG 611) - Jesus Christus anzugehören, auch wenn es bis zu seinem Tag, zu seinem endgültigen Kommen noch weiterhin Tod und Teufel gibt, ist Grund, sich zu freuen! Hier setzt thematisch unser *Predigttext* ein aus dem 2. Paulusbrief an die Korinther, Kap. 4, Vers 3-6: Dort lesen wir:

(3) "Wenn aber unser Evangelium doch (noch) verhüllt ist,
so ist es für die verhüllt, die verloren gehen,
(4) für die Ungläubigen, deren Sinn der Gott dieser Weltzeit in ihrem Innern geblendet hat, dass sie nicht schauen das Leuchten des Evangeliums von der Herrlichkeit Christi, der das Abbild Gottes ist.
(5) Denn nicht uns selbst verkündigen wir, sondern Christus Jesus als den Herrn, uns selbst aber als euere Sklaven um Jesu willen.
(6) Denn Gott, der gesagt hat: "Aus Finsternis soll Licht leuchten", der ist aufgeleuchtet in unseren Herzen, so dass hell wurde die Erkenntnis der Herrlichkeit Gottes auf dem Angesichte Christi.
(vgl.Gen.1,3) "
(Übersetzung: Julius Schniewindt in NTD)

Die "Frohe Botschaft", das Evangelium von Jesus Christus, kann also auch verhüllt sein! Und diejenigen, die sie nicht erkennen, denen sie verhüllt ist, die gehen verloren, sagt Paulus. Das ist eine schlimme Feststellung! Woran liegt das? - Es gab Leute in der Gemeinde von Korinth, die dem Apostel Paulus vorwerfen, es läge an ihm, er habe das Evangelium von Jesus Christus nicht klar und richtig verkündigt. Schlimmeres kann einem, der sich die Verkündigung des Evangeliums zur Lebensaufgabe gemacht hat, nicht passieren! - Mit dem Rücken zur Wand, bringt Paulus in seiner Verteidigung auf den Punkt, was die Aufgabe der Kirche ist, nämlich: Nichts anderes zu verkündigen als Jesus Christus allein, und dass er der Herr ist, dem wir zu dienen haben. - Selbstdarstellung und Allotria in welcher Verpackung auch immer - mögen der Karierre mancher (Kirchen-) Leute dienlich sein, vielleicht sogar die Kirche medial ins Gespräch bringen, - am Auftrag gehen sie vorbei und schaden der Sache eher als dass sie nützen! - Ich habe mit Teilen des "Impulspapiers" der EKD meine Probleme. Vor allem dort, wo überlegt wird, ob und wie man Marketing- und Werbestrategien der Wirtschaft auf die Arbeit der Kirche übertragen sollte. Und ich fühle mich an die 6.These der Barmer Theologischen Erklärung vom 31 Mai 1934 erinnert, in der man in schwerer Zeit formulierte: "Wir verwerfen die falsche Lehre, als könne die Kirche in menschlicher Selbstherrlichkeit das Wort und Werk des Herrn in den Dienst irgendwelcher eigenmächtig gewählter Wünsche, Zwecke und Pläne stellen." (aus-gehend von Mt.28,20). - Aber dass Menschen das Evangelium von Jesus Christus nicht erkennen können oder wollen, kann auch Gründe haben, auf die wir kaum Einfluß haben. Es ist der Fürst dieser Weltzeit, sagt Paulus, der Verwirrung stiftet, die Augen blendet und die Sinne vernebelt. Und dazu benutzt er seine ganze Trickkiste! Was kann er nicht alles in den Weg stellen, damit Menschen vom Glauben an Jesus Christus abgehalten oder abgelenkt werden! Das heißt: Wir können den Glauben beim besten Willen nicht selber machen. Glauben können ist ein Geschenk Gottes, um das wir nur bitten können. Ich könnte mir vorstellen, dass Leute den "Santa Claus", die "Cola-Trucks" und die diversen weihnachtlichen Galaveranstaltungen für Weihnachten selbst halten und es dabei bewenden lassen. - Die "Badische Zeitung" sprach von einem "Wettstreit der Glühbirnen" in unseren Städten, und die lokale Freiburger Sonntagszeitung vom 23.Dezember stellte in diesem Zusammenhang spöttelnd fest: - ich zitiere: "Einst folgten die Weisen dem leuchtenden Stern von Bethlehem, heute würden sie irrtüm-lich am Freiburger Schlosscafé auf dem Lorettoberg landen, gegen dessen Illumination auch die schönsten Sterne keine Chance mehr haben." - Aber *wir* haben eine Chance! - Folgen wir dem Stichwort "Illumination": Im 6. und letzten Vers unseres Predigttextes lesen wir, dass

Gott, der am ersten Schöpfungstag gesprochen hat: "Es werde Licht!" selber in unseren Herzen aufgeleuchtet ist - "ad illuminationem scientiae claritatis Dei", wie es in der Vulgata heißt: - auf deutsch: damit wir illuminiert und erleuchtet würden, dass wir die Herrlichkeit Gottes (auf dem Angesichte Jesu Christi, oder einfacher: dass wir die Herrlichkeit Gottes) in Jesus Christus erkennen können. - Weil also Gott selber diese Erkenntnis schenken kann und will, wird er uns nicht vorenthalten, die Bedeutung des Evangeliums für uns und unsere Welt zu erkennen und damit froh zu werden, egal, in welcher Lage wir uns befinden, wenn wir ihn nur ernsthaft darum bitten! Und unser Dank an Gott muß es sein, dass wir anderen zum Stern werden, der sie zu Jesus und zur Freude führt. Dazu gehören auch unsere materiellen Hilfen für die Bedürftigen unserer Welt. Darum bitte ich um die Unterstützung unserer kirchlichen Entwicklungshilfen wie "Brot für die Welt" und "Misereor".

Und der Friede Gottes, welcher höher ist als alle Vernunft, der bewahre unsere Herzen und Sinne in Jesus Christus, unserem Herrn. -

Amen.

Ein neuer Anfang

Predigt in Emmendingen (Stadtkirche) am 19.08.2007

11. Sonntag nach Trinitatis

(Lukas 07.36-50)

Liebe Gemeinde,

Wer sich in diesen Tagen die Angebote der Freizeitindustrie ansieht, stößt immer wieder auf den Begriff: "Wellness", Wohlergehen rundum, Gesundheit, Fitness, Etwas erleben! - Spaß haben, steht besonders jetzt in der Ferienzeit wieder ganz oben auf dem Programm. Es ist ja auch jedem herzlich zu gönnen, nach Zeiten harter Arbeit vielleicht sogar nach Zeiten seelischer und menschlicher Dürre, endlich wieder einmal Zeiten des Glücks und der Lebensfreude zu erleben. Wir alle brauchen solche Zeiten, wo wir den leeren Tank auffüllen können und uns rüsten können für die nächsten Aufgaben. Und wo es dann wirklich gelingt, neue Kraft zu schöpfen, dass wir mit neuem Mut und auch mit neuem Elan in unseren Alltag starten können, dürfte es gar nicht aus-bleiben, dass wir vor Dankbarkeit geradezu überlaufen.

Unser heutiger Predigttext berichtet von so einer Situation, in der die Chance eines neuen Anfangs eröffnet wird. Hören wir unseren Text:

(36) Es bat ihn aber der Pharisäer einer, dass er mit ihm äße. Und er ging hinein in des Pharisäers Haus und setzte sich zu Tisch. (37) Und siehe, eine Frau war in der Stadt, die war eine Sünderin. Da die vernahm, dass er zu Tische saß in des Pharisäers Hause, brachte sie ein Glas mit Salbe (38) und trat hinten zu seinen Füßen und weinte und fing an, seine Füße zu netzen mit Tränen und salbte sie mit Salbe. (39) Da aber das der Pharisäer sah, der ihn geladen hatte, sprach er bei sich selbst und sagte: Wenn dieser ein Prophet wäre, so wüßte er, wer und welch eine Frau das ist, die ihn anrührt; denn sie ist eine Sünderin. (40) Jesus antwortete und sprach zu ihm: Simon, ich habe dir etwas zu sagen. Er aber sprach: Meister, sage an. (41) Es hatte ein Gläubiger zwei Schuldner. Einer war schuldig fünfhundert Silbergroschen, der andere fünfzig. (42) Da sie aber nicht hatten zu bezahlen, schenkte er´s beiden. Sage an, welcher unter denen wird ihn am meisten lieben? (43) Simon antwortete und sprach: Ich achte, der, dem er am meisten geschenkt hat. Er aber sprach zu ihm: Du hast recht geurteilt. (44) Und er wandte sich zu der Frau und sprach zu Simon: Siehst du dies Weib ? Ich bin gekommen in dein Haus; du hast mir nicht Wasser gegeben für meine Füße; diese aber hat meine Füße mit Tränen genetzt und mit den Haaren ihres Hauptes getrocknet. (45) Du hast mir keinen Kuß gegeben; diese aber, nachdem ich hereingekommen bin, hat nicht abgelassen, meine Füße zu küssen. (46) Du hast mein Haupt nicht mit Öl gesalbt; sie aber hat meine Füße mit Salbe gesalbt. (47) Derhalben sage ich dir: Ihr sind viele Sünden vergeben, darum hat sie mir viel Liebe erzeigt; wem aber wenig vergeben wird, der liebt wenig. (48) Und er sprach zu ihr: Dir sind deine Sünden vergeben. (49) Da fingen an, die mit zu Tische saßen, und sprachen bei sich selbst: Wer ist dieser, dass er auch die Sünden vergibt ? (50) Er aber sprach zu der Frau: Dein Glaube hat dir geholfen; gehe hin in Frieden!"

Aufs erste gesehen könnte man unsere Geschichte überschreiben: "Peinlicher

Vorfall bei einem Festessen" Mitten in eine geschlossene Gesellschaft von Honoratioren der Stadt, platzt eine Frau hinein, von der es heißt, sie sei eine stadtbekannte "Sünderin", eine "peccatrix" heißt es in der Vulgata, also vermutlich eine berufsmäßige Prostituierte. Sie hatte von Jesus gehört und sie hatte auch gehört, dass Jesus unter den Gästen ist. Ihm gilt ihre ganze Aufmerksamkeit: Buchstäblich aufgelöst, tritt sie von hinten an den zu Tische liegenden Jesus heran. Tränen laufen ihr über die Wangen, fallen auf Jesu Füße. Sie trocknet sie mit ihren Haaren, zerbricht eine Alabasterflasche mit kostbarem Nardenöl und salbt damit seine Füße. - Von einer solchen Situation wird ganz ähnlich auch in den anderen Evangelien berichtet, wenn auch in anderem Zusammenhang. - Warum tut sie das ? Hier sind es die Füße Jesu, die sie salbt, in den andern Evangelien ist es immer das Haupt. Ob sie sich nicht getraut, vor all den Leuten? Jedenfalls will sie Jesus etwas Gutes tun, ihm ihre Liebe und Dankbarkeit zeigen, und darum verschenkt sie an ihn das Kostbarste, was sie besitzt!

Obwohl es die meisten Ausleger damit bewenden lassen, bin ich doch zu der Ansicht gekommen, dass es hier um mehr geht als um einen reinen Liebeserweis. Es geht zugleich um ein Bekenntnis: Du, Jesus, bist der erwartete Messias, der Christus, der Gesalbte Gottes! - Sie nimmt mit ihrem Tun die Anwort schon vorweg, die später die Gäste des Pharisäers sich heimlich stellen: "Wer ist der, der auch die Sünden vergibt?" Und nur wenige Verse vor unserem Predigttext - auch im 7. Kapitel des Lukasevangeliums - stellen die Jünger Johannes des Täufers die gleiche Frage: Wer bist du, Jesus ? Bist du der, der da kommen soll, oder sollen wir auf einen anderen warten? Dort antwortet Jesus: Sagt dem Johannes, was ihr seht: Blinde sehen, Lahme gehen, Aussätzige werden rein und den Armen wird das Reich Gottes gepredigt!" - Hier geschieht weit mehr als die Rettung eines Menschen: einer verachteten Frau, oder auch eines stolzen Pharisäers. - Unser Predigttext steht exemplarisch für das ganze Lukasevangelium! - Das große Generalthema des Lukas heißt ja: Jesus ist der Heiland der Welt, namentlich der Armen und Verachteten! In diesem scheinbar so kleinen Vorgang bei einem Festessen werden zwei Welten offenbar und stoßen aufeinander: - *die Welt des Gesetzes* und *die Welt des Evangeliums.*

Die Welt des Gesetzes - vielleicht noch exakter: Die Welt der Gesetzlichkeit - wird vertreten durch den Pharisäer Simon und die, "die mit zu Tische saßen". Und auch durch die Frau, die hier "Sünderin" genannt wird - Ich möchte in einer Zeit, in der wir durch die Medien fast wöchentlich mit Korruption und Amtsmißbrauch konfrontiert werden zunächst einmal eine Lanze für die Pharisäer brechen. Hätten wir mehr Leute ihrer Gesinnung in den Spitzenpositionen, hätten wir wahrscheinlich weniger Grund zu Ärger und Besorgnis!

Der Pharisäer Simon war ein absolut edler Vertreter dieser Welt. Er ist ein vornehmer, korrekter, untadeliger und höflicher Mensch. Sicher stand er im ganzen Ort in gutem Ruf, und es war eine Ehre, eine Einladung in sein Haus zu einem Festmahl zu erhalten. Ein Umgang mit zwielichtigen Gestalten oder Leuten mit einem üblen Ruf kam für ihn nicht in Frage. Er war auch ein frommer Mann. Das Halten der Gebote Gottes, ja die strikte Beobachtung aller religiösen Vorschriften war ihm ein Herzens-anliegen. Regelmäßig besuchte er die Gemeinde-Versammlungen in der Synagoge. In seinem Haus wurde gebetet. Kam einmal ein fremder Prediger durch den Ort und legte in der Synagoge das Gesetz oder die Propheten aus, so lud er als gutsituierter Mann ihn zum Essen ein. Das war so Brauch in den Kreisen der Gesetzestreuen und Frommen! - So hat er auch Jesus, der auf seiner Wanderung in den Ort gekommen ist, eingeladen; zumal diesem Wanderprediger der Ruf vorausging, nicht nur ein Lehrer, sondern auch ein Prophet zu sein, also einer, der in besonderer Weise den Willen Gottes kund tut und Herz und Wesen der Menschen durchschaut. - Der Pharisäer Simon war auch zu Jesus nicht unhöflich gewesen, wie es in unserer Geschichte den Anschein erwecken mag. Und Jesus wirft das Simon auch nicht vor, sondern stellt nur fest, dass er ihn nicht mit besonderer Herzlichkeit und Liebe empfangen hat. Wie höflich korrekt, ja vornehm überlegen dieser Simon ist, wird auch daran deutlich, wie er sich bei dem peinlichen Vorfall mit der weinenden Frau zu Jesu Füßen verhält. Er beauftragt nicht seine Dienerschaft, diese Frau, diese unmögliche Person, hinauszubringen. Er tut so, als bemerke er diesen peinlichen Vorgang nicht. Vielleicht hat er absichtlich den Blick auf etwas anderes gerichtet. Darum die Aufforderung Jesu: "Siehst du dieses Weib?" Auch als Simon bei sich denkt, dass dieser Jesus kein Prophet sein kann, sonst müßte er doch merken, was für eine Frau sich da mit seinen Füßen zu schaffen macht, wahrt er völlig die Form. Ehrerbietig redet er Jesus mit Rabbi, Meister, an.

Auch die Frau, die zu Jesu Füßen weint, kommt aus dieser Welt des Gesetzes, aber eben nicht auf der Seite der Geachteten und Erfolgreichen. Sie hat die Gebote nicht gehalten, sie ist an ihnen gescheitert. Darum steht sie in dieser Welt des Gesetzes ganz unten. Für sie führt kein Weg mehr nach oben. Die Gesetzestreuen, die Anständigen und Frommen verachten sie. Mit ihr wollen sie nichts mehr zu tun haben. In der Welt des Gesetzes bleibt für sie nur Verachtung und Verzweiflung. Das Gesetz fordert Leistung, und die Leistung bringt Anerkennung und Stolz mit sich, die Fehlleistung aber Verachtung, Verzweiflung und Verbitterung! Mit Jesus aber wird eine ganz andere Welt offenbar, die Welt des Evangeliums! Das Evangelium schenkt Vergebung, und aus der Vergebung fließt neue Hoffnung, Liebe, Freude, Friede. Diese neue Welt zeigt Jesus in dem Gleichnis auf, das er dem Simon und den peinlich betroffenen Gästen erzählt:

"Es hatte ein Gläubiger zwei Schuldner. Einer war schuldig fünfhundert Silbergroschen, der andere fünfzig. Da sie aber nicht hatten, zu bezahlen, schenkte er's beiden. Sage an, welcher unter denen wird ihn am meisten lieben?" -

So hat Simon sich noch nicht vor Gott gesehen. Sah er bisher vor allem seine Leistung, seine bürgerliche Anständigkeit und die Minder, - oder Fehlleistung der anderen, so wird ihm mit dem Gleichnis, das Jesus erzählt, klar: Auch wer wenig Schulden hat, kann nicht be-zahlen! - "Wir mangeln alle des Ruhmes, den wir bei Gott haben sollten", lesen wir beim Apostel Paulus (Rö.3,23). Das ist unsere Lage vor Gott: Wir alle sind Schuld-ner, und bezahlen können wir alle nicht! - Simon nicht, die Frau nicht, du nicht und ich nicht. Wir leben alle von der Vergebung. So beten wir zurecht: "Vergib uns unsere Schuld, wie wir vergeben unsern Schuldigern!"

Wem das aber bewußt ist und wer so betet, muß Konsequenzen ziehen: Wer um die Vergebung weiß und aus der Vergebung lebt, kann nicht hart sein. Aus der Vergebung fließt wieder Vergebung und Liebe, niemals Überheblichkeit, und Haß und Gewalt ! - "Wer von euch ohne Sünde ist, der werfe den ersten Stein!" ruft Jesus der aufgebrachten Menge zu, die eine Frau steinigen will, die sie beim Ehebruch erwischt hat, (Joh.8). Jesus, akzeptiert die Frau in unserer Erzählung, wie sie ist. Er legt sie nicht auf ihre Vergangenheit und ihr verkorkstes Leben fest. Im Gegenteil: "Deine Sünden sind dir vergeben!" sagt er zu ihr. Und: "Dein Glaube hat dir geholfen!" - und: " Gehe hin in Frieden!" - Dadurch hat sie Mut gewonnen zu einem neuen Leben. Jetzt schäumt sie über vor Dankbarkeit und Freude.

Und auch dem Pharisäer Simon begegnet Jesus in unserer Geschichte in beeindruckender Weise, indem er so verständnisvoll um ihn wirbt. Er beschimpft ihn nicht, er erkennt seine Rechtschaffenheit durchaus an, aber er öffnet ihm durch sein Gleichnis von den beiden Schuldnern auch die Augen dafür, dass auch er die Vergebung braucht, und dass sein Leben dadurch frei wird von allem verkrampften Bemühen um Rechtschaffenheit.

Und wir? - Mancher kommt trotz vieler Aktivitäten und Bemühungen - gerade jetzt im Urlaub - nicht zu der ersehnten inneren Ruhe. Möge Gott uns zur äußeren "Well-ness" seine "Wellness" geben: uns alles vergeben, was unser Verhältnis zu ihm und unseren Nächsten belastet. Möge er die Dinge von unseren Schultern nehmen, die uns bedrücken und auch uns zusprechen: "Gehe hin in Frieden!"

Amen.

Anmerkung:
vgl. OKR W. Kusch, Greifswald
in einem Lesegottesdienst für den 11. So. n. Trin.
über Lk. 7,36-50 am 10.08.1975.
Abgedruckt in: Wege zum Wort, 30. Jg. Berlin, 1.Juli 1975, Heft 3

Spuren hinterlassen

Predigt in Emmendingen (Dietrich-Bonhoeffer-Gemeinde) am 15.07.2007

6. Sonntag nach Trinitatis

(Jesaja 43, 1-7)

Liebe Gemeinde!

Auf einer Religionslehrertagung, wo es unter anderem um die Sinnfrage ging, sollten die Teilnehmer sich per Zettel anonym zu der Frage äußern, was sie für das Wichtigste in ihrem Leben hielten. Auf einem der Zettel stand: "Das Wichtigste für mich ist, Spuren zu hinterlassen!" - Damit war nach meiner Meinung eine der wesentlichsten Ängste berührt, die Menschen haben können: Wer keine Spuren hinterläßt, ist wie jemand, der gar nicht gelebt hat. Jemand, der sich nicht entfaltet hat, weil man ihm die Möglichkeit nicht gab, oder die Umstände das nicht zuließen. Fremdbestimmung, womöglich Versklavung, kurz: Einengung ist das entsprechende Vokabular! - Wie entsetzlich, wenn der Chef einem erklärt: Jeder und jede in unserem Betrieb ist aus-tauschbar! Da wird einem schlaglichtartig klar, dass der Stuhl wackelt. Und damit ist ja dann das Leben in vielerlei Hinsicht gefährdet: Nicht nur das Geldverdienen, mögli-cherweise auch Partnerschaft und Familie, auf jedenfall aber das Selbstwertgefühl bleiben auf der Strecke. Es ist für uns wesentlich, anerkannt zu werden im Zusammenleben mit andern, in unserem sozialen Umfeld: An Arbeitsplatz und Beruf, in der Familie, in meinem Dorf, meiner Stadt oder im Verein! Keiner will nur eine "graue Maus", eine Nummer sein, untergehen im Kollektiv. Und so wünschen wir uns die Beachtung unserer Individualität und sind darauf aus, uns einen Namen zu machen. Dabei braucht man gar nicht nur an junge Leute zu denken, die sich den strengen Auswahlkriterien einer Jury stellen, um als Nachwuchsstar die Bühne zu erobern, oder die, gerade mal der Pubertät entwachsen, ihre Lebenserfahrungen veröffentlichen. Der Drang zur Selbstverwirklichung, wie wir heute sagen, ist schöpfungsgemäß in uns angelegt und gehört zu unserem Menschsein. So lesen wir schon auf den er-sten Seiten der Bibel, in Genesis 11, wo es um den Turmbau zu Babel geht, den Satz: "Laßt uns einen Namen machen!" - Aber es gelingt ja nicht jedem und auch nicht immer. Und diese Tatsache kann Menschen in einen lebenszerstörenden Aktionismus treiben oder in die Depression, besonders dann, wenn Leute anfangen, sich mit mit anderen zu vergleichen, was der oder jene hat und welche Erfolge sie vorzuweisen haben. - Hören wir, was unser Predigttext, der uns zum heutigen Sonntag gegeben ist, dazu zu sagen hat:

1 Aber nun: so spricht Jahwe,
dein Schöpfer, Jakob, und dein Bildner, Israel:
Fürchte dich nicht, denn ich habe dich erlöst,
Ich habe dich bei deinem Namen gerufen,
mein bist du !
2 Wenn du durch Wasser gehst -- mit dir bin ich !
und Ströme werden dich nicht überfluten.
Wenn du durch Feuer schreitest, verbrennst du dich nicht,
3 denn ich, Jahwe, bin dein Gott,

der Heilige Israels, dein Retter.
Ich gebe Ägypten als Lösegeld für dich,
Kus und Seba statt deiner,
4 weil du teuer bist in meinen Augen,
wert bist und ich dich liebe
und ich gebe Länder für dich,
und Nationen für dein Leben.
5 Fürchte dich nicht ! denn mit dir bin ich.
Vom Anfang bringe ich deine Kinder,
und vom Untergang sammle ich dich;
6 spreche zum Norden: gib her !
und zum Süden: behalte nicht
bringe heim meine Söhne aus der Ferne
und meine Töchter vom Ende der Erde.
7 Alle, die nach meinem Namen genannt sind;
zu meiner Ehre habe ich sie geschaffen, ja bereitet.
(Claus Westermann in ATD)

Diese Worte sind vor knapp 2600 Jahren zu Menschen gesprochen, die keine Zukunftsperspektive mehr haben. Die Heimat zerstört, die Freiheit geraubt, weit weg in einem fremden Land, der Glaube bei vielen wackelig, die Götter der Sieger verlockend und übermächtig. Auf die alte Religion scheint kein Verlaß mehr zu sein! - Das etwa ist die Situation der nach Babylon in die Gefangenschaft deportierten Bewohner von Jerusalem und Umgebung so um das Jahr 550 v. Chr. - Mancher mag sich gefragt haben: Wo ist nun dein Gott? - Mitten in diese Vertrauenskrise trifft dieses Trostwort aus dem Mund eines Propheten, den wir den 2. Jesaja nennen: "Fürchte dich nicht! denn ich habe dich erlöst, ich habe dich bei deinem Namen gerufen, du bist mein!" Und der das sagt hat einen Namen! Er stellt sich vor: "So spricht Jahwe, dein Schöpfer, und der dich, Israel, zu dem gemacht hat, was du bist, nämlich zu meinem Volk! Und in dem Namen "Jahwe" - Luther übersetzt: "Herr" - wird schlagartig die bisherige Geschichte dieses Volkes deutlich. "Jahwe", das heißt: "Ich bin, der ich bin, der ich schon immer war, der den Abraham berufen hat und den Mose, und ich werde derselbe sein, der mit euch geht und der es gut mit euch meint! Allein schon der Gottesname ist Programm: Er schafft Vertrauen durch die Erfahrungen, die sie mit ihm gemacht haben und er macht Hoffnung für die Zukunft: Wenn du durch Wasser oder Feuer gehst, - ich bin mit dir! Wasserströme und Feuerflammen sollen dir nichts anhaben! - Wir Heutigen wissen, wie es weiter-ging mit dem Gottesvolk des Alten Bundes. Sie haben die Erfahrung gemacht, dass Gott sie durch alle Wirren, auch ihrer neueren Geschichte nicht vergessen hat. - Israel ist (auch) heute eine Realität, wenn auch unter Furcht und Zittern!

Wie wir darüberhinaus wissen, hat sich Gottes Heilshandeln nicht auf das Gottesvolk des Alten Bundes beschränkt. Wir Christen sehen in Jesus Christus den gleichen Gott und Herrn am Werk! Und wir glauben und bekennen, dass er in dem Juden Jesus von Nazareth unser Bruder geworden ist und für den Menschen eine Erlösung geschaffen hat, wie es sie bis dahin nicht gegeben hat und dass sie in alle Ewigkeit genügt, wieder einen direkten Zugang zu Gott zu haben! Nun ist kein Opfer mehr gefragt, sondern nur noch vertrauensvolle Nachfolge! - Mit Jesus Christus hat Gott einen neuen Anfang gemacht, einen neuen Bund geschlossen, der der ganzen Menschheit gilt. Nun hat Jesus geboten, dass wir zur Aufnahme in diesen Neuen Bund, Menschen taufen sollen auf den Namen des einen Gottes, der sich uns zeigt als Vater, Sohn und Heiliger Geist. So taufen wir auf seinen Befehl hin und rufen Menschen in die Gemeinschaft derer, die ihm nachfolgen, in die Gemeinschaft der Christen. Dabei wird der Name des Täuflings genannt - in früheren Zeiten sogar zum erstenmal. - Das ist ganz wichtig, weil ein Besitzwechsel stattfindet: Du gehörst nun zu Gott und zu seinem Volk und du bist ganz persönlich gemeint! Du mit deiner ganz eigenen Art und mit deinem spezifischen Umfeld: "Fürchte dich nicht, denn ich habe erlöst, ich habe dich bei deinem Namen gerufen, du bist mein Eigentum!" Das sagt der, der dich geschaffen hat und der der Herr über alles ist!

Was bedeutet das konkret für mich? - Greifen wir die Fragen, die wir am Anfang gestellt haben nocheinmal auf. Welche Antworten könnten sich daraus ergeben? - Wir erinnern uns: Auf dem Zettel jener Tagungsteilnehmerin oder Tagungsteilnehmers stand: "Das Wichtigste für mich ist, Spuren zu hinterlassen." Das heißt mit anderen Worten: Ich möchte, dass einmal etwas von mir übrig bleibt, wenn ich diese Welt verlassen muß. Oder auch: Ich möchte Bedeutung erlangen, die von den andern anerkannt und nicht vergessen wird! - Wer will das nicht? Ich denke, das ist auch in den Augen des Schöpfers ein legitimer Wunsch. Er wird auch Menschen, die in die Nachfolge Jesu treten, nicht kleingeredet oder abgesprochen. Ganz im Gegenteil: Wer in die Nachfolge Jesu tritt, ist geradezu aufgefordert, seine besten Gaben einzusetzen. Aber jetzt unter anderen Vorzeichen: Nicht mehr krampfhaft mit dem Ziel der Selbstverwirklichung, sondern dass Gott durch uns gelobt und geehrt werde! - In unserem Prophetenwort fällt auf, dass nicht mehr der Mensch Subjekt des Handelns ist!: "Aber nun" , beginnt unser Text! - "Aber nun, spricht Jahwe", der Schöpfer der Welt und der Gott Israels, - größer könnte der Gegensatz nicht sein! Es ist, wie wenn einer über den Tisch wischt und Platz macht für Neues. Den Ängsten und Sorgen steht aus kompetentem Mund ein "Fürchte dich nicht!" gegenüber und "*ich* habe dich erlöst!" und "*ich* habe dich bei deinem Namen gerufen" und "*mein* bist du!" - Wenn er der Handelnde ist, dann brauche ich nicht besorgt sein, dass ich zu kurz komme. Wenn ich mich von Gott geliebt weiß, und darauf vertrauen kann, dass ich in seinen Augen unendlich wertvoll und einmalig bin dann brauche ich mir nicht krankhaft einen Namen zu machen, schon gar nicht auf Kosten von anderen! - Sagen wir´s in der Seglersprache: Damit wird der Druck aus dem Segel genommen, die Fahrt wird ruhiger. Alles kann gelassener getan werden. Wenn Nächstenliebe mein Leben bestimmt und nicht in erster Linie Karierredenken, dann wird sich einiges ändern in meinem Leben, in meinen Beziehungen zu anderen und auch in Gesellschaft und Wirtschaft! - Unser Predigttext ist ein Wort für Grenzsituationen. Darum wird es nicht nur gern als Taufspruch gewählt, sondern manchmal auch als Text für eine Beerdigung. Man könnte es auch über eine Traueranzeige schreiben anstelle des "Kleinen Prinzen", der auf einem Stern sitzt und zum Mitlachen einlädt, oder anstelle anderer billiger Vertröstungen, die eh keiner glaubt!

Weil unsere Gemeinde sich nach Dietrich Bonhoeffer nennt, möchte ich mit einem Wort schließen,das Dietrich Bonhoeffer zugeschrieben ist. Eine Kollegin hat es vor kurzem über die Traueranzeige für ihre Schwester gesetzt:

"Wir treten aus dem Schatten bald in ein helles Licht.
Wir treten durch den Vorhang vor Gottes Angesicht
Wir legen ab die Bürde, das müde Erdenkleid,
Sind fertig mit den Sorgen und mit dem letzten Leid.

Wir treten aus dem Dunkel nun in ein helles Licht
Warum wir´s Sterben nennen ? - Ich weiß es nicht."
(D. Bonhoeffer zugeschrieben)

Amen.

Literatur:
- Claus Westermann in ATD Bd.19, Göttingen 1966 z. Stelle
- Michael Pfeiffer, Deutsches Pfarrerblatt 6 / 2007, S.315
- Dieter Walther, Rundfunkpredigten, Burg Verlag 1985
S.100 ff z.Thema: Selbstverwirklichung
S.133 ff z.Thema: Worte

Gottes Lob in jeder Lage

Predigt in Emmendingen Krankenhaus + Dietrich-Bonhoeffer-Gemeinde
am 14. Mai 2006
Kantate (Gottedienst mit Taufe)
Apostelgeschichte 16, 16-34

Liebe Gemeinde,
"Wes das Herz voll ist, des geht der Mund über!" sagt das Sprichwort. Und das haben wir ja alle schon erlebt. Es gibt Zeiten im Leben, da könnten wir die ganze Welt umarmen und laut hinausrufen: "Danke!" - Danke für diesen guten Morgen, danke für diesen neuen Tag, Danke für meine Arbeitsstelle! - Danke, dass es dich gibt, danke, danke, danke! - Aber wie ist es, wenn unser Herz voll ist von Sorgen, von Ängsten und von Traurigkeit, und der Körper voller Schmerzen, und unsere Lebenssituation als bedrückend und eingeengt und schier ausweglos empfunden wird: Können wir dann auch noch so leicht der Aufforderung folgen: "Kantate!" - "Singet dem Herrn ein neues Lied!?" (Ps. 98). - Wie soll ich singen und fröhlich sein, wenn ich nicht weiß, wo mir der Kopf steht?

Wenn unser Singen und unser Gotteslob von unseren jeweiligen Stimmungen abhinge, kämen wir wahrscheinlich aus unserem alten Schlendrian und unserer alten Leier nie heraus. Um ein neues Lied zu singen, müßte man selbst ein neuer Mensch werden, einer wie neugeboren, einer, der anstelle seiner alten Ängste und Bedenken eine neue Sicherheit und neue Zuversicht gewonnen hat! - Hören wir, was unser Predigttext dazu zu sagen hat, und welche Konsequenzen wir daraus ziehen können:

(16) "Es geschah aber, da wir zu dem Gebet gingen, dass eine Magd uns begegnete, die hatte einen Wahrsagegeist und trug ihren Herren viel Gewinn ein mit Wahrsagen. (17) Die folgte allenthalben Paulus und uns nach, schrie und sprach: Diese Menschen sind Knechte des allerhöchsten Gottes, die euch den Weg des Heils verkündigen. (18) Solches tat sie manchen Tag. Paulus aber tat das wehe, und er wandte sich um und sprach zu dem Geist: Ich gebiete dir in dem Namen Jesu Christi, dass du von ihr ausfahrest. Und er fuhr aus zu derselben Stunde. (19) Da aber ihre Herren sahen, dass die Hoffnung ihres Gewinnes ausgefahren war, griffen sie Paulus und Silas, zogen sie auf den Markt vor die Obersten (20) Und führten sie vor die Stadtrichter und sprachen: Diese Menschen bringen unsere Stadt in Aufruhr; sie sind Juden (21) und verkündigen eine Weise, welche uns nicht ziemt anzunehmen noch zu tun, weil wir Römer sind. (22) Und das Volk ward erregt wider sie; und die Stadtrichter ließen ihnen die Kleider abreißen und hießen sie mit Ruten schlagen. (23) Und da man sie hart geschlagen hatte, warf man sie ins Gefängnis und gebot dem Kerkermeister, dass er sie wohl verwahrte. (24) Der, da er solches Gebot empfangen hatte, warf sie in das innerste Gefängnis und legte ihre Füße in den Stock. (25) Um die Mitternacht aber beteten Paulus und Silas und lobten Gott. Und es hörten sie die Gefangenen. (26) Plötzlich aber ward ein großes Erdbeben, so dass sich bewegten die Grundfesten des Gefängnisses. Und alsbald wurden alle Türen aufgetan und die Fesseln aller gelöst. (27) Als aber der Kerkermeister aus dem Schlafe fuhr und sah die Türen des Gefängnisses aufgetan, zog er das Schwert und wollte sich selbst töten; denn er meinte, die Gefangenen wären entflohen. (28) Paulus aber rief laut und sprach: Tu dir nichts Übles; denn wir sind alle hier. (29) Er forderte aber ein Licht und sprang hinein und fing an zu zittern und fiel

Paulus und Silas zu Füßen. (30) und führte sie heraus und sprach: Liebe Herren, was soll ich tun, dass ich gerettet werde ? (31) Sie sprachen: Glaube an den Herrn Jesus so wirst du und dein Haus selig ! ((32) Und sie sagten ihm das Wort Gottes und allen, die in seinem Hause waren. (33) Und er nahm sie zu sich in der Nacht und wusch ihnen die Striemen ab. Und er ließ sich taufen und alle die Seinen alsbald. (34) Und er führte sie in sein Haus und deckte ihnen den Tisch und freute sich mit seinem ganzen Hause, dass er an Gott gläubig geworden war."

Liebe Gemeinde,
Die Jünger und Anhänger Jesu sind nach anfänglichen Unsicherheiten erfüllt von dem, was an Karfreitag und Ostern geschehen war. Jesu Tod am Kreuz und seine Auferstehung bringen eine neue Gewißheit! Zwar wird immer noch gelitten und gestorben in unserer Welt, aber nur auf Zeit! Jesus ist der erste der Auferstandenen, und die sich ihm anschließen, werden ihm folgen!

Diese Botschaft gilt es hinauszutragen in die ganze Welt. Aus Jüngern werden Apostel, Gesandte im Auftrag Jesu Christi! - Am Ende des Matthäusevangeliums lesen wir: "Geht hin und macht zu Jüngern alle Völker und taufet sie, und lehret sie halten, alles, was ich euch befohlen habe und siehe, ich bin bei euch alle Tage, bis ans Ende der Welt!" (Mt. 28, 18-20). Die Apostelgeschichte des Lukas nimmt diesen Auftrag wieder auf mit der Aufforderung: "Ihr sollt meine Zeugen sein !" (Apg.1,8) und schildert die Ausbreitung des Evangeliums von Jerusalem bis in die damalige Weltmetropole Rom. Dabei werden zwei Grundzüge deutlich:

1.Die christliche Gemeinde wächst trotz Behinderungen schlimmster Art, weil die Apostel, die Boten des Evangeliums, sich beauftragt wissen von dem, dem alle Macht gegeben ist im Himmel und auf Erden, dem sie bedingungslos vertrauen und in dessen Liebe und Fürsorge sie sich auch in schlimmster Bedrängnis geborgen wissen.

2.Das Glück anderer Menschen, ihre Seligkeit und ihre Gewinnung für die Sache Jesu ist ihnen wichtiger als die eigenen Einwände, Ängste und Bedenken.

So wird uns hier von den geradezu abenteuerlichen Verhältnissen berichtet, unter denen die Christengemeinde von Philippi entstanden ist. - Das zentrale

Ereignis wird uns wohl in der Erzählung von der Bekehrung und Taufe des Gefängnisaufsehers oder wie es in der Lutherbibel heißt "des Kerkermeisters von Philippi" berichtet. Das Lob Gottes, durch die beiden Apostel ihr "Cantate domino" spielt die entscheidende Rolle. Es ist gewissermaßen die Initialzündung für alles Weitere! - Es wird berichtet, sie hätten Gott sogar im Gefängnis gelobt! - Man kann sich kaum vorstellen, dass sie gefangen, ausgepeitscht, gefesselt - besonders "in Stimmung" waren. Überhaupt bestand die ganze Vorgeschichte dieser Gefangenschaft aus einer Reihe sehr harter Führungen durch Gott, der alle Pläne des Paulus und Silas durchkreuzt hatte. Eigentlich wollten sie in Kleinasien predigen, aber Gott rief sie nach Europa, und so kamen sie nach Philippi!

Dort geschahen seltsame Dinge: "Im Namen Jesu" heilen sie eine Frau von einer Besessenheit mit der andere eine Menge Geld verdienten. Das führte zum Zusammenstoß mit den römischen Behörden, zur öffentlichen Auspeitschung und zu einer Inhaftierung im Gefängnis. Damit war ihre Arbeit in Europa zunächst beendet und ihre weitere Zukunft unsicher. Grund genug zur Klage, ja zum Verzweifeln!

"Um Mitternacht aber beteten Paulus und Silas und lobten Gott!" - Ein Erdbeben ereignet sich, das allen Gefangenen die Freiheit gibt. Aber die nutzen ihre Situation nicht aus und bleiben im Gefängnis. Eine ganze Reihe wundersamer Vorgänge - weitere werden noch folgen! - Das eigentliche Wunder aber ist, dass zwei Menschen in tiefster Not Gott loben! Und das ist ja unser Thema: *Das Lob Gottes singen - in jeder Lage!*

Wie ist solch ein "Lob aus der Tiefe" möglich? Offenbar doch nur darum, weil Paulus und Silas sich auch in Not und Gefahr gehalten und geborgen wissen von dem Herrn, in dessen Dienst sie stehen. Ein Wissen um Geborgenheit, das nicht auf irdische Errettung hofft, sondern an den Gott glaubt, der auch durch den Tod hindurch rettet. Paulus hat das später in einem Brief einmal so formuliert: "Wir haben allenthalben Trübsal, aber wir ängsten uns nicht, uns ist sehr bange, aber wir verzagen nicht !" (2.Kor.4,8). - Ich fühle mich unweigerlich an meine Studentenzeit in Heidelberg erinnert. Eine meiner Mitstudentinnen war schwer an Krebs erkrankt. Sie schleppte sich, oft unter großen Schmerzen, in die Vorlesungen, bis es nicht mehr ging. Bei ihrer Ordination konnte sie nicht mehr selbst anwesend sein. Ihre Ordinationspredigt hat sie zu diesem Text geschrieben, und ein junger Kollege hat sie vorgelesen. Sie ist kurz danach im Alter von 24 Jahren gestorben. Wir Kurskollegen waren tief erschüttert, und durch ihre Predigt wie durch ihr ganzes Verhalten in dieser Zeit zugleich getröstet, gerade auch im Blick auf unser eigenes Leben und zukünftiges Wirken.

Gehen wir zurück zu Paulus und Silas: Sie leben nicht aus ihren eigenen Kraftreserven - wie schnell wären die erschöpft! - Sie gehen ihren Weg auch nicht in eigener Verantwortung, sondern lassen Gott verantworten, was er ihnen aufträgt, was ihnen "zustößt" und wie es ihnen geht! "Im Namen Gottes leben" heißt: sich ganz auf ihn verlassen! Das ist das Geheimnis jener Ruhe und Gelassenheit, die andere an ihnen bewundern. Das ist es, was Paulus und Silas auch im Leiden und in Ängsten noch loben und singen läßt: Dieser auf Ostern und die Auferstehung. gegründete Gottesglaube, - den Blick gerichtet auf den lebendigen Christus! - Damit können Viele nichts anfangen. Sie halten sich für Realisten und leben nach dem Motto: "Lasset uns essen und trinken, denn morgen sind wir tot!" (1.Kor.15,32). Es gibt aber viele Zeug-nisse von Menschen - auch in unserer Zeit, - die sich trotz aller Aufgeklärtheit diesen Osterglauben nicht nehmen ließen! Unzählige Briefe, aus den Lagern der NS-Zeit und danach bezeugen es, wie Menschen in tiefsten Nöten und mitten im Sterben die Nähe des lebendigen Christus erfahren haben.

Weil sich unsere Gemeinde nach Dietrich Bonhoeffer benennt, möchte ich an dieser Stelle ein Stück eines Gedichtes zitieren, das er einem Brief vom 08. Juli 1944 aus der Haftanstalt Berlin-Tegel beigelegt hatte:

Wer bin ich? Sie sagen mir oft,
Ich träte aus meiner Zelle
gelassen und heiter und fest
wie ein Gutsherr aus seinem Schloß.

Wer bin ich ? Sie sagen mir oft,
ich spräche mit meinen Bewachern
frei und freundlich und klar,
als hätte ich zu gebieten.

Wer bin ich ? Sie sagen mir auch,
ich trüge die Tage des Unglücks

gleichmütig, lächelnd und stolz,
wie einer, der Siegen gewohnt ist...
Bin ich das wirklich, was andere von mir sagen ? ...
Wer bin ich ? Einsames Fragen treibt mit mir Spott.
Wer ich auch bin, Du kennst mich, Dein bin ich, o Gott (s.Lit.).

In der Regel läßt der Eindruck, den andere von solchen Menschen haben, Grund-fragen ihrer eigenen Existenz aufbrechen: Warum ist der so? - Woher nimmt er die Kraft? Sicher war es auch dem "Kerkermeister" von Philippi so ergangen. Eigentlich ist ja er der Chef. Er hat die Macht, die Apostel in sicherste Verwahrung zu bringen, sie in Ketten zu legen, sie leiden zu lassen. Aber plötzlich ist der Mächtige machtlos, ja hilflos, angesichts der inneren Freiheit und Gelassenheit, die sich in ihrem ganzen Verhalten zeigt. - Spätestens hier wird deutlich, dass das Singen des Gotteslobs nicht nicht nur über die Stimmbänder geht, sondern den ganzen Menschen betrifft!: "Alles, was ihr tut, mit Worten oder mit Werken, das tut alles in dem Namen des Herrn Jesus, und danket Gott, dem Vater durch ihn!" schrieb Paulus später an die Kolosser (Kol.3, 14-17). - Wahrscheinlich hätte jeder halbwegs "normale" Mensch in der neuen Situation, die sich nach dem Erdbeben ergeben hatte, die Flucht ergriffen. - Nicht so die beiden Apostel! Alles liegt ihnen daran, dass der Gefäng-nisaufseher sich nicht das Leben nimmt! -

Hier begegnen wir dem 2.Grundzug im Wirken der Apostel: - Glück und Heil anderer Menschen ist ihnen wichtiger als eigene Einwände, Ängste und Bedenken. Die Reaktion des "Kerkermeisters" führt uns den wahren Sachverhalt der Situation vor Augen: "Ihr Herren!", redet er sie an! Und dann: "Was muß ich tun, dass ich gerettet werde?" Anders gesagt: Wie komme ich zu der Freiheit, die ihr habt? - Das gibt den Aposteln die Gelegenheit, ihn auf den Retter hinzuweisen: "Glaube an den Herrn Jesus, so wirst du und dein Haus selig!" und ich ergänze: "Wenn euch der Sohn frei macht, seid ihr recht frei!" (Joh.8,36). Und als Konsequenz ihres Christus-zeugnisses wird berichtet: "Und der Kerkermeister ließ sich taufen und die Seinen auch. und er führte sie in sein Haus und deckte ihnen den Tisch und *freute* sich mit seinem ganzen Hause, dass er an Gott gläubig geworden war!" (Apg.16,33 f.).

Die Apostel kommen frei und ziehen weiter - und sie können sicher sein: In Philippi lassen sie einen zurück, der sich zur Gemeinde Jesu Christi hält! - Sicher war dies einer der entscheidenden Gründe dafür, dass der Apostel Paulus sein Leben lang ein besonders herzliches Verhältnis zu den Christen in Philippi gehabt hat! - In keinem seiner Briefe ist so viel von *Freude* die Rede wie in seinem Brief an die Philipper! Unter anderem schreibt er darin: "Freuet euch in dem Herrn *zu jeder Zeit* und nocheinmal sage ich: freuet euch! - Der Herr ist nahe! (Phil.4,4).

Und das gilt nicht nur den damaligen Christen in Philippi! - Wie könnte diese Freude einen besseren Ausdruck finden als in dem Aufruf des heutigen Sonntags: "Cantate domino canticum novum" - "Singet dem Herrn ein neues Lied, denn er tut Wunder!" ?

Amen.

Literatur:

Dietrich Bonhoeffer in Widerstand und Ergebung,
Briefe und Aufzeichnungen aus der Haft,
Hg. Eberhard Bethge, München 1970, S.381 f.)

Kraft zum Lieben

Predigt in Staufen i.Br., am 12.03.2006 (St.Trudpert, Münstertal und Staufen i.Br.)
Reminiszere / 2. Sonntag in der Passionszeit (Gottesdienst mit 2 Taufen)
Jesaja 5,1-7

Liebe Gemeinde,
Nichts ist bitterer im Leben als enttäuschte Liebe und als mißbrauchtes Vertrauen! Es gehört schon eine gehörige Portion Dummheit dazu, oder raffiniertes Kalkül, - oder tatsächlich übergroße Liebe, die sich selbst ganz zurücknimmt, wenn jemand in so einer Situation nicht zurückschlägt. Ich bin immer wieder überrascht, mit welcher Leichtigkeit, ja, mit welchem Mut sich Brautleute als Trautext den bekannten Satz aus dem 13.Kapitel des 1.Korintherbriefs auswählen: "Die Liebe hofft alles und duldet alles!" - Kann man denn wirklich zu allem "Ja und Amen" sagen, wenn Ärger und Frust zu groß werden und die Ausbeutung keine Grenzen mehr kennt?

Wenn man in unseren Tagen die Zeitung aufschlägt und die politischen und wirtschaftlichen Schlagzeilen liest, könnte man laut in alle Gassen hinausschreien, was wir schon zu Beginn unseres Gottesdienstes gesungen haben: "Sonne der Gerechtigkeit, gehe auf zu unsrer Zeit!" (EG 263) - Wir begegnen auf Schritt und Tritt einer Werteordnung, die sich ausschließlich am Profit zu orientieren scheint. Korruption auf höchster Ebene wird zunehmend zum Gesellschaftsspiel und oft wird das Wohler-gehen anderer der eigenen Bereicherung und der eigenen Karriere geopfert. - Und leider machen Leute der Kirche oder ihren Einrichtungen, keine Ausnahme! - Das ist das Thema von Gottes Passion! - Unser Predigttext für den heutigen Sonntag singt uns ein Lied davon. Es ist das Lied von einer großen und enttäuschten Liebe. Der Prophet Jesaja hat es etwa um das Jahr 720 vor Christi Geburt dem Gottesvolk des alten Bundes vorgetragen vor den Toren Jerusalems, als sie gerade dabei waren, bei einem 8 Tage dauernden Ernte-und Weinlese-Fest, sich an die großen Taten Gottes in ihrer Geschichte zu er-innern. Es ist das "Sukkot"-Fest, das "Laubhüttenfest", eines der großen im jüdischen Festkalender, das die Juden bis heute feiern. Man feiert im Freien. Überall sind Buden, Laub-Hütten, aufgebaut. Die Leute sitzen beisammen, freuen sich über den Erfolg ihrer Arbeit. Wie es auf einem Weinfest eben zugeht. Die Grundstimmung: Jubel, Trubel, Heiterkeit! - Da tritt der Prophet auf! - Wie ein Bänkelsänger! Es sieht zunächst wie eine willkommene Abwechslung im Festprogramm aus. Aber hören Sie selbst, was er zu sagen hat:

Jes. 5,1-7: Das Weinberglied:

1 Singen will ich für meinen Liebsten,
ein Lied meines Freundes von seinem Weinberg:
Einen Weinberg hatte mein Freund
auf einem fetten Horne.
2 Und er grub ihn um und entsteinte ihn
und bepflanzte ihn mit Edelreben.
Und er baute einen Turm in seiner Mitte,
und auch eine Kelter schlug er in ihm aus.
Und er hoffte, erbrächte Trauben,
aber er brachte Herlinge! --
3 Und nun, Bewohner Jerusalems
und Mann von Juda,

Richtet doch zwischen mir
und zwischen meinem Weinberg!
4 Was blieb für meinen Weinberg noch zu tun,
und ich hätte es nicht in ihm getan?
Warum harrte ich, dass er Trauben brächte,
und er brachte Herlinge? --
5 Und nun will ich euch wissen lassen,
was ich mit meinem Weinberg machen will:
Entfernen seine Hecke,
dass er vernichtet wird;
Einreißen seine Mauer,
dass er zertreten wird.
6 Dann geb´ ich ihn zum Plündern frei!
Er wird nicht beschnitten
und wird nicht behackt,
Und Dornstrauch und Distel wird wachsen!
Und den Wolken befehle ich,
nicht über ihn zu regnen. --
7 Ja, der Weinberg Jahwe Zebaboths
ist das Haus Israel,
Und der Mann von Juda
ist die Pflanzung seines Ergötzens!
Und er harrte auf gut Regiment! --
doch siehe da: Blutregiment! --
Auf Rechtspruch,
und siehe da: Rechtsbruch!
(Übersetzung: O.Kaiser in: ATD)

Die Feierstimmung ist dahin. Der Prophet, der eben noch fröhlich von seinem Freund erzählt, wie er sich um seinen Weinberg bemüht, erscheint plötzlich als Spielverderber. Aus dem Propheten redet auf einmal Gott selbst, sein ganzer Zorn und Frust über vergebliche Liebesmüh´: Urteilt doch selbst! - Was hätte ich denn noch tun sollen? - Warum wartete ich überhaupt auf Besseres? Die Früchte, die ich hätte erwarten dürfen, sind ausgeblieben: Nichts als unbrauchbare kleine Bitterbeeren!

Man könnte in gleicher Weise fortfahren: Der Teufel soll euch holen! - So redet maßlos enttäuschte Liebe! Und es ist sehr menschlich von Gott geredet. Vermutlich würden *wir* so reagieren! Aber nicht Gott - Gott sei Dank! Schon der Name des Jesaja läßt hoffen: "Gott ist Heil!" heißt er übersetzt - eben nicht Zorn und enttäuschte Liebe! Und so finden wir gerade beim Propheten Jesaja eine große Öffnung in die Zukunft: Gott bleibt der Liebende, der sein Volk nicht aufgegeben hat, gerade auch wo sie als Volk wie als einzelne versagt haben. Er schenkt den neuen Anfang, wo er nur ernsthaft gewollt ist. Anders hätte die Bitte: "Gedenke Herr an deine Barmherzigkeit", die unserem Sonntag "Reminiszere" seinen Namen gibt, keinen Sinn. So aber dürfen ihn seine Leute neu um seine Zuwendung bitten und bekommen die tröstliche Antwort: "Fürchte dich nicht, denn ich habe dich erlöst, ich habe dich bei deinem Namen gerufen, du bist mein!" (Jes.43,1) Das weist uns, wie viele andere Aussagen bei Jesaja auf den Neuen Bund, den Gott, weit über die Begrenztheit auf das alttestamentliche Gottesvolk, mit allen Menschen schließt, die sich ihm anschließen wollen!

Von Jesaja stammen viele unserer schönsten Weihnachtstexte. So lesen wir im 7.Kapitel von der jungen Frau, die einen Sohn gebären wird, der der "Immanuel", der "Gott ist mit uns" sein wird. Im 11. Kapitel lesen wir: "Uns ist ein Kind geboren, ein Sohn ist uns gegeben, und die Herrschaft liegt auf seiner Schulter und er heißt Wunderbar-Rat, Kraft-Held, Ewig-Vater, Friedefürst!"

Eine unserer schönsten Tauferzählungen, - aus Apostelgeschichte 8, - entstand aus einem Hinweis auf den leidenden Gottesknecht aus Jesaja 53: *"Fürwahr, er trug unsere Krankheit und lud auf sich unsere Schmerzen, um unserer Missetat willen ist er verwundet und um unserer Sünden willen ist er zerschlagen. Die Strafe liegt auf ihm, damit wir Frieden hätten, und durch seine Wunden sind wir geheilt!"*

Wer ist der? fragt der Kämmerer der Königin aus Äthiopien, der auf der Suche nach Gott ist - und der Apostel Philippus predigt ihm das Evangelium von Jesus.

Der Kämmerer ist von dieser Botschaft so überwältigt, dass er es gar nicht mehr erwarten kann, zu diesem Jesus und seiner Gemeinde zu gehören. - Und am nächsten Wasserloch neben der Straße auf der sie fahren, läßt er sich taufen! - Danach heißt es nur noch: "Er zog aber seine Straße fröhlich!" - Denn er hatte gefunden, was er schon so lange gesucht hatte.

Nach dem Bericht des Evangelisten Markus "von den bösen Weingärtnern" , den wir vorhin in der Schriftlesung gehört haben, hat ja auch Jesus selbst das alte Bild aus Jesaja vom Weinberg Gottes in veränderter Form wieder aufgenommen und auf sich gedeutet. Niemand anders als er selbst ist der Sohn, der sich vom Vater in dessen Weinberg schicken läßt, obwohl er weiß, dass es tödlich ist. Er ist die "Sonne der Gerechtigkeit", von der wir eingangs gesungen haben, weil er mit seinem Tod am Kreuz dafür sorgt, dass wir Gott, dem Besitzer seines Weinbergs wieder recht sind, mit all unseren Ecken und Kanten. Jetzt können wir auch zurecht singen: "*Freut euch, wir sind Gottes Volk, weil wir Jesus Christus kennen, uns nach seinem Namen nennen!*" (EG 611). Und was können *wir* tun ? - Dankbar sein, so dass die Welt auch an unserem Verhalten erkennt, dass sie von Gott geliebt ist. Dann könnte es ein Stück-weit auch so heißen: "Freu´ dich, lieber Gott! Denn Du hast Leute, die sich auf dein Geheiß und in deiner Nachfolge bemühen, gute Frucht zu bringen!"

Gehen wir nocheinmal zurück zu unserem Weinberglied aus Jesaja 5: Wir haben gehört, wie Gott seinen Weinberg liebt und wie er alles dafür getan hat, damit er Freude an ihm haben kann. - Wir haben dann auch von seiner großen Enttäuschung gehört, als nichts daraus geworden war. Und wir haben auch gesehen, wie der Prophet den Rahmen seiner Zeit und ihrer Strukturen sprengt und weit hineinreicht ins Neue Testament. Darum ist es legitim, sein Gleichnis nicht beim Zorn des Weinbergbesitzers abbrechen zu lassen, sondern Gottes große Liebe und Passion für seinen Weinberg auf den Punkt zu bringen.

Es ist wie im Märchen - eben märchenhaft!: - Als alles nichts genützt hat, hat Gott sich selber als Weinstock in seinen Weinberg eingewurzelt. Im Johannesevangelium, im 15. Kapitel können wir es nachlesen. Dort sagt Jesus: "Ich bin der Weinstock, ihr seid die Reben... wer an mir bleibt und ich in ihm, der bringt viel Frucht. Ohne mich könnt ihr nichts tun!" - Mit mir: Alles, was nötig ist!

Amen.

Ein starker Begleiter

Predigt (13) in Emmendingen am 01.01.2006 (Stadtkirche)

Neujahrsgottesdienst mit Abendmahl

(Josua 1,1-9.)

Liebe Gemeinde,

In einem Rundschreiben an die badischen Pfarrerinnen und Pfarrer hat unser Landesbischof Dr. Ulrich Fischer vor Weihnachten nochmals an den Tsunami erinnert und ihm die Jahreslosung vom vergangenen Jahr gegenübergestellt. Ich gebe den Gedanken einfach einmal an Sie weiter: - "Sie erinnern sich: Das vergangene Jahr hatten wir begonnen unter den erschrecken-den Eindrücken der furchtbaren Tsunami-Katastrophe, die unzähligen Menschen das Leben gekostet hat. - Zugleich hatten wir das Jahr begonnen unter der tröstlichen Zusage Jesu aus Lk.22,32: "Ich habe für dich gebeten, dass dein Glaube nicht aufhöre!" Ist das nicht ein Widerspruch? - gar eine Zumutung? An diesem Aufeinanderprallen von zwei Welten wird einmal mehr deutlich, dass unser Glaube von Voraussetzungen lebt, die wir selbst nicht schaffen können. Er ist wie unser Leben Anfechtungen und Anfragen, Erschütterungen und Gefährdungen ausgesetzt, die wir nicht selbst aus dem Weg räumen können." - So weit der Bischof.

Ich denke, wir sind uns alle einig in der Meinung, dass wir starke Begleiter brauchen, die uns an der Hand nehmen und über Durststrecken unseres Lebens und über Wüstenerfahrungen hinweghelfen, wo wir schnell geneigt sind, alles hinzuschmeißen und aufzugeben. Es wird weiterhin solche Wüstenerfahrungen geben in der Welt und auch in unserem Leben. Das "gelobte Land" - für uns: Das Reich Gottes - ist uns zwar verheißen, aber wir sind noch nicht dort angekommen! - Wir sind noch unterwegs! Das müssen wir uns auch für das Jahr 2006, das gerade begonnen hat, klar-machen, damit keine falschen Erwartungen aufkommen. - Aber: In all dem, was kommen wird, seid ihr nicht allein!, sagt uns die Bibel, speziell die Jahreslosung für 2006: Ihr habt einen starken Begleiter! - Es ist zunächst ein Versprechen Gottes an Josua und an das alttestamentliche Gottesvolk: "Ich lasse dich nicht fallen, und ich verlasse dich nicht!" - Hören wir den Predigttext aus Josua 1,1-9 im Ganzen:

(1) Nach dem Tod des Mose, des Knechts des Herrn, sprach der Herr zu Josua, dem Sohn Nuns, Mose´s Diener: (2) Mein Knecht Mose ist gestorben; so mache dich nun auf und zieh über diesen Jordan, du und dies ganze Volk, in das Land, das ich ihnen, den Kindern Israel, gegeben habe. (3) Alle Stätten, darauf euere Fußsohlen treten werden, habe ich euch gegeben, wie ich Mose geredet habe. (4) Von der Wüste an und diesem Libanon bis an das große Wasser Euphrat - das ganze Land der Hethiter -- bis an das große Meer gegen Abend sollen euere Grenzen sein. (5) Es soll dir niemand widerstehen dein Leben lang. Wie ich mit Mose gewesen bin, also will ich auch mit dir sein. Ich will dich nicht verlassen noch von dir weichen . (6) Sei getrost und unverzagt; denn du sollst diesem Volk das Land austeilen, das ich ihren Vätern geschworen habe, dass ich´s ihnen geben wollte. (7) Sei nur getrost und sehr freudig , dass du haltest alledinge nach dem Gesetz, das Mose, mein Knecht, dir geboten hat. Weiche nicht davon, weder zur Rechten noch zur Linken, auf dass du weise handeln mögest in allem, was du tun sollst. (8) Und lass das Buch dieses Gesetzes nicht von deinem Munde kommen, sondern betrachte es Tag und Nacht, auf dass du haltest und tuest alledinge nach dem, was darin geschrieben steht. Alsdann wird es dir gelingen in allem, was du tust und wirst weise handeln können.
(9) Siehe, ich habe dir geboten, dass du getrost und freudig seist. Lass dir nicht grauen und entsetze dich nicht; denn der Herr, dein Gott, ist mit dir in allem, was du tun wirst".

Diese Sätze am Anfang einer großen Aufgabe, wie sie vor Josua liegt, oder am Anfang eines Weges in noch unbekanntes Land, in eine noch nebulose Zukunft sind echte Mutmacher! - Was für eine Zusage ist das schon unter uns Menschen!: Wenn zwei sich sagen: "Ich lasse dich nicht fallen, und ich verlasse dich nicht! Auf mich kannst du dich verlassen - egal, was kommt! - Wie viele haben sich das schon versprochen - ehrlich und in bester Absicht. - Zum Beispiel da unten am Altar unserer Stadtkirche: "Bis dass der Tod uns scheidet!" - Und dann hört oder liest man, dass heutzutage fast jede zweite Ehe oder Partnerschaft innerhalb kurzer Zeit wieder auseinandergeht! - aus verständlichen Gründen natürlich! - Von *Gott* hören wir: Seine Treue ist groß, und was er zusagt, das hält er gewiß! (Ps.33,4)

Als Friedrich der Große einmal seinen Reitergeneral von Ziethen, der ein gläubiger Christ war, fragte, ob er denn wirklich glaube, dass es einen Gott gibt, antwortete der mit dem Hinweis: "Majestät, die Juden!" - Für die hätte während der Hitler-Diktatur so mancher keinen Pfifferling mehr gegeben! - Heute hat Israel einen eigenen Staat mit dem wir gute Beziehungen unterhalten! - Lange nach Josua sind sie wieder im Land, das Gott ihrem Stammvater Abraham verrsprochen hatte (1.Mose 12), - auf unerwartete Weise zwar, und immer angefochten und in Bedrängnis, aber sie sind da! - Trotz der Haßtiraden der ägyptischen "Moslembrüder", die Israel, "ein Krebsgeschwür in Palästina" nennen und trotz der Brandreden des iranischen Präsidenten Ahmadinedschad, der sie lieber heute als morgen wieder draußen hätte.aus Palästina!

Die Geschichte des Volkes Israel will verstanden werden als ein Gleichnis für Gottes Treue und dafür, wie er zu seinen Zusagen steht. Darum geht es auch im Buch Josua: Gott handelt in der Geschichte! Es wird von Gott nicht einfach etwas erzählt oder behauptet, sondern sein Handeln ist in der Geschichte seines Volkes und in der Menschheitsgeschichte erfahrbar!

Bleiben wir noch kurz am Anfang des Buches Josua: Das Volk Israel steht an einer Grenze, vor einem Neuanfang. Die Unfreiheit in Ägypten liegt hinter ihnen: 40 Jahre Wüstenwanderung. Entbehrungen, aber auch mutmachende und buchstäblich wunderbare Erfahrungen mit ihrem Gott: Manna und Wasser in der Wüste! - Gott schließt mit ihnen am Sinai einen Bund und sichert ihnen erneut zu, dass er mit ihnen sein will. Das Volk ist während der Wüstenzeit gewachsen. Sie brauchen Orientierung und feste Spielregeln des Zusammenlebens, - Religiöse und soziale Gesetzgebung: Jesus hat sie später in der Formel zusammengefaßt: "Du sollst Gott lieben und deinen Nächsten!" (Lk.10,27).

Obwohl sie Gottes Güte erfahren haben, paßt ihnen vieles nicht! Und jetzt auch noch das: - Mose ist tot! - Noch nicht im verheißenen Land, das Ruhe und Sicherheit verspricht, und Mose, der sie bisher geführt hat - tot!" - Vor ihnen Aufgaben, die ihnen zu groß erscheinen. Unsicherheit und Angst macht sich breit: Ach, wenn wir doch zurück könnten in die alten, gewohnten Verhältnisse! Lieber zurück zu den Fleischtöpfen Ägyptens, wenn´s auch die Unfreiheit bedeutet, als der Aufbruch ins Ungewisse! - Da kommt der von Mose eingesetzte Nachfolger ins Spiel: Hosea, der Sohn Nuns, den Mose *"Josua"* nannte (Num.13,16). Und "Jo-sua", .- schon in seinem Namen! - blitzt Evangelium, Frohe Botschaft auf, mitten im Alten Testament!

Denn "Josua" oder "Jehoschua", das heißt auf deutsch: "Gott hilft"! An der Schwelle der Angst: Diese Botschaft in diesem Namen: "Gott hilft!"

Es ist gedanklich kein großer Sprung von der Feststellung: "Und Mose nannte den Hosea, den Sohn Nuns *"Josua"* zu der Botschaft des Engels an Maria: "Des Name sollst du *"Jesus"* heißen"! Den Geburtstag Jesu haben wir an Weihnachten schon gefeiert. - Heute ist der Tag seiner *Beschneidung* und seiner *Namensgebung!*- Das eine verweist uns darauf, dass die Menschwerdung Gottes nicht eine gut erfundene Geschichte ist, sondern stattgefunden hat an einem konkreten historischen und geografischen Ort, nämlich in dem Juden, Jesus von Nazareth. - Das andere verweist uns darauf, was das für uns und für die Welt bedeutet: Des Name sollst du "Jesus" heißen! - Das heißt genau so wie Josua "Gott hilft!" - aber jetzt noch umfassender, nämlich so wie wir an Weihnachten gesungen haben: "Christ, der Retter ist da !" Mit Jesus und durch ihn können nun auch wir - und alle Menschen, die das wollen - in einem alles umfassenden Sinn in Anspruch nehmen, was Gott einst dem Josua zuge-sagt hatte: "Ich lasse dich nicht fallen, und ich verlasse dich nicht!" Ich lasse dich nicht fallen, auch wenn du dich nicht als Idealtyp empfindest, auch wenn du schuldig geworden bist und das Gefühl hast: Von mir nimmt keiner mehr ein Stück Brot! Auch wenn du alt und krank bist - und wenn du einsam geworden bist! Jesus ruft dir zu: "Ich bin gekommen, zu suchen und selig zu machen, was verloren ist!" (Mt.18,11) und: "Kommt her zu mir alle, die ihr mühselig und beladen seid, - Ich will euch er-quicken!" (Mt.11,28.)

Der Teufel, - sagen wir´s für uns verständlicher: - Das Teuflische, das Satanische, das, was Angst macht - gerade auch Dinge und Ereignisse in unserem Leben, die uns an der Güte Gottes zweifeln lassen, - das alles hat keine letztliche Macht mehr über uns, denn "wer an den Sohn glaubt, der hat das ewige Leben!" (Joh.3,36.) So wird uns versichert. Nirgendwo zeigt sich Gottes Freundschaft und Fürsorge für uns deutlicher als in der Tatsache, dass er in Jesus von Nazareth unser Bruder geworden ist. - Das hat die christliche Gemeinde der Welt zu bezeugen!

Mir klingt´s noch in den Ohren, was der Pauluschor drüben auf der Bleiche in der Christnacht in der herrlichen Kantate "Das neugeborne Kindelein" von Dietrich Buxtehude gesungen hat:

"Ist Gott versöhnt und unser Freund, was kann uns tun der arge Feind? - Trotz, trotz! - Trotz Teufel, Welt und Höllenpfort, Herr Jesu, du bist unser Hort! "

In Jesus hat Gott mit uns ein neues starkes Bündnis geschlossen. Und der hat es mit seinem Blut besiegelt: "Der neue Bund in meinem Blut!" - "Für euch vergossen zur Vergebung der Sünden"; damit wieder Friede herrsche zwischen Gott und den Menschen und damit in der Folge auch Friede herrschen soll zwischen den Menschen. Wer also Gottes Zusage für sich in Anspruch nimmt: "Ich lasse dich nicht fallen, und ich verlasse dich nicht!", der sollte auch andere nicht fallen lassen, vor allem nicht, wenn es um recht egoistischer und zweifelhafter Motive willen geschieht!- Wer in die Nachfolge Jesu tritt, der sollte dies auch tun mit seinem Handeln und mit seiner Gesinnung, zumindest sollte er es immer wieder versuchen! Darauf weist uns auch der biblische Leitspruch für unseren heutigen Tag und für diese Woche hin aus dem Brief des Apostels Paulus an die Kolosser (Kol.3,17). Dort heißt es: "Alles, was ihr tut, mit Worten oder mit Werken, das tut alles in dem Namen des Herrn Jesus, - das heißt: in seinem Sinne! - und danket Gott, dem Vater durch ihn!"

Nun hört man immer wieder: Der kleine Mann, der Normalbürger, die Normalbürgerin, kann ja doch nichts machen! Viele meinen, sie seien zu unbedeutend! Aber bedenken wir einmal, was das für Konsequenzen hätte, wenn jeder von uns, - jeder und jede in Deutschland, in Europa - gar in der ganzen Welt, sich für das nun angebrochene neue Jahr 2006 nur eine einzige Sache vornehmen würde,: verläßlicher zu sein, berechenbarer, weil Gott uns gegenüber verläßlich und berechenbar ist?! - Wenn Verläßlichkeit wieder an die Stelle von Beliebigkeit träte? - Verläßliche Freund-schaften. Treue in der Partnerschaft. Planungssicherheit in der Wirtschaft, - in der Industrie?! - Sicherheit bei der Einhaltung von Verträgen?

Die Zusage Gottes: "Ich lassen dich nicht fallen, und ich verlasse dich nicht - um Jesu willen! - bleibt bestehen, auch wenn wir´s nicht schaffen! Allerdings, Gottes Anspruch an uns bleibt auch bestehen: "Alles, was ihr tut, mit Worten oder mit Werken, das tut alles in dem Namen des Herrn Jesus, und danket Gott, dem Vater durch ihn!"

Wir bleiben auf Gottes Hilfe angewiesen! Es wird auch in diesem Jahr nicht alles paradiesisch glatt gehen in unserer Welt, und wir werden schuldig werden!

Aber weil wir Jesus haben und eingeladen sind, ihm zu folgen, gilt, was der Dichter Jochen Klepper in seinem wunderbaren Adventslied "Die Nacht ist vorgedrungen" (EG 16) , bekennt:

"Noch manche Nacht wird fallen auf
Menschenleid - und schuld
Doch wandert nun mit allen
der Stern der Gotteshuld.
Beglänzt von seinem Lichte
hält euch kein Dunkel mehr
Von Gottes Angesichte
Kam euch die Rettung her."

Darauf können wir vertrauen in allen Fällen und an allen Tagen unseres Lebens - selbst über den Tod hinaus: "Ich lasse dich nicht fallen und ich verlasse dich nicht!"

Amen.

Die richtige Reihenfolge

Predigt in Emmendingen (Stadtkirche), am 03.04.2005
Quasimodogeniti / Gottesdienst mit 2 Taufen. (s. Anmerkung am Schluß !)
(Joh. 21,1-14)

Liebe Gemeinde,
liebe Schwestern und Brüder in Christus,
Was machen Sie, wenn Sie in einem handgeschriebenen Brief Wichtiges vergessen haben? Wahrscheinlich fangen Sie nicht noch einmal von vorne an, sondern fügen einfach ein"PS", ein "Postscriptum " an. So eine Hinzufügung braucht nicht unbedingt eine Notlösung zu sein, sondern ist durchaus auch als Stilmittel zu gebrauchen! An herausgehobener Stelle unterhalb der Unterschrift werden die wichtigsten Mitteilungen gemacht, wird kurz wiederholt, zusammengefaßt, eingeschärft: NB, "no-

ta bene", merk´ dir gut!, vergiß nicht!, denk daran! -

So ein Anhängsel ist auch das letzte Kapitel des Johannesevangeliums. Manches, was in den Kapiteln vorher schon thematisiert und erzählt worden ist, begegnet uns nocheinmal, oft zusammengefaßt und pointiert. Hören wir zunächst den Predigttext für den heutigen Sonntag aus Joh. 21, 1-14:

(1) Danach offenbarte sich Jesus abermals den Jüngern am See Tiberias. Er offenbarte sich aber so: (2) Es waren beieinander Simon Petrus und Thomas, der da heißt Zwilling, und Nathanael von Kana in Galiläa und die Söhne des Zebedäus und andere zwei seiner Jünger. (3) Spricht Simon Petrus zu ihnen: Ich will fischen gehen. Sie sprechen zu ihm: So wollen wir mit dir gehen. Sie gingen hinaus und traten in das Schiff, und in derselben Nacht fingen sie nichts. (4) Als es aber schon Morgen wurde, stand Jesus am Ufer, aber die Jünger wußten nicht, dass es Jesus war. (5) Spricht Jesus zu ihnen: Kinder, habt ihr nichts zu essen? Sie antworteten ihm: Nein. (6) Er aber sprach zu ihnen: Werfet das Netz zur Rechten des Schiffs, so werdet ihr finden. Da warfen sie und konnten´s nicht mehr ziehen vor der Menge der Fische. (7) Da spricht der Jünger, welchen Jesus liebhatte, zu Petrus: Es ist der Herr ! Da Simon Petrus hörte, dass es der Herr war, gürtete den Rock um, denn er war nackt, und warf sich ins Meer. (8) Die anderen Jünger aber kamen mit dem Schiff, denn sie waren nicht ferne vom Lande, sondern bei zweihundert Ellen, und zogen das Netz mit den Fischen. (9) Als sie nun ausstiegen auf das Land, sahen sie Kohlen gelegt und Fische darauf und Brot. (10) Spricht Jesus zu ihnen: Bringet her von den Fischen, die ihr jetzt gefangen habt! (11) Simon Petrus stieg hinein und zog das Netz auf das Land voll großer Fische, hundertdreiundfünfzig. Und wiewohl ihrer so viel waren, zerriss das Netz doch nicht. (12) Spricht Jesus zu ihnen: Kommt und haltet das Mahl! Niemand aber unter den Jüngern wagte, ihn zu fragen: Wer bis du ? Denn sie wußten , dass es der Herr war. (13) Da kommt Jesus und nimmt das Brot und gibt´s ihnen, desgleichen auch die Fische. (14) Das ist nun das dritte Mal, dass Jesus offenbart ward den Jüngern, nachdem er von Toten auferstanden war."

Mir sind drei Aspekte wichtig geworden:

1. Das Osterereignis ist so einmalig, dass auch Jünger ihre Zweifel haben.
2. Der Auferstandene begegnet ihnen, ermutigt sie und befähigt sie zu neuem Handeln.
3. Die Osterbotschaft bringt Hoffnung über den Tod hinaus.

Zum Ersten:

Wie ist das mit dem Glauben ? Vertrauen wir Jesus und seinem Wort immer so uneingeschränkt? Nie Probleme mit dem Glauben? - Nie Zweifel?

Den Jüngern Jesu scheint es da nicht besser zu gehen als uns . Jedenfalls finden wir sie in einer Situation wieder, die mir bekannt vorkommt: Wir treffen 7 von ihnen am See von Tiberias. Der Osterjubel scheint schon in weitere Ferne gerückt. Sie gehen ihrem Beruf als Fischer nach, als wäre nichts gewesen. Petrus erklärt nüchtern und sachlich: "Ich gehe fischen!" - Darauf die andern: "Wir gehen mit!" - Immerhin lassen die andern den Petrus dabei nicht allein. Aber auch die gemeinsame Anstrengung ist nicht von Erfolg gekrönt: "Aber in dieser Nacht fingen sie nichts !" heißt es in unserem Text lapidarisch: Depression, Hunger, Mutlosigkeit macht sich breit. - Wo ist Jesus? - *Und Jesus stand am Ufer, aber sie erkannten ihn nicht.* Das ist auffallend. Man müßte doch jemand, mit dem man ein Jahr auf engstem Raum zusammengelebt hat, wiedererkennen. Sicher waren sie sehr müde. Wahrscheinlich aber hatten sie auch gar nicht mehr mit ihm gerechnet. Das wird ja an anderer Stelle auch von den "Emmausjüngern" berichtet: Jene begegnen Jesus unterwegs nach Emmaus und sie fragen den "Fremden", der zu ihnen tritt: Ja weißt Du denn nicht, was sich gerade in Jerusalem ereignet hat? Sie haben unseren Herrn gekreuzigt!? -- Jetzt sind wir auf der Flucht vor den Römern. Es ist alles aus und vorbei!" Sie rechnen nicht mehr mit ihm, obwohl sie gerade Ostern erlebt oder die Osterbotschaft von seiner Auferstehung vernommen hatten.

Rechnen *wir* mit Jesus ? Ich meine im täglichen Leben ? Oder ist das eine religiöse Formel, die wir bei bestimmten Gelegenheiten aus der Tasche ziehen ? *Das ist das Problem!* - dass Jesus von Nazareth gelebt hat, ist wissenschaftlich klar belegt. dass er ein Ausnahmemensch war, der außergewöhnliche Taten vollbracht hat und der eine hohe Ethik gelebt und weitergegeben hat, auch. Keiner, der sich mit ihm beschäftigt hat, wird es leugnen, dass es erstrebenswert ist, ihn als Vorbild zu nehmen und ihm nachzufolgen. Aber dass er auferstanden ist von den Toten, von Gott auferweckt, und dass die, die an ihn glauben ebenfalls auferweckt werden sollen, ist schon eine arge Zumutung an den aufgeklärten Verstand. Und wer hier seine Zweifel hat, befindet sich in guter Gesellschaft. Wir habens vorhin in der Schriftlesung gehört, wie der Jünger Thomas gezweifelt hat: Erst wenn ich seine Wundmale von seiner Kreuzigung her betastet habe, anders gesagt: wenn ich handgreifliche Beweise habe, will ichs glauben!

Hier stimmt wohl die Reihenfolge nicht!. Setzen wir nicht allesamt täglich in alle möglichen Vorgänge und Personen unser Vertrauen, um *anschließend* unsere Erfahrungen zu machen? Wer beweist mir vorher, dass ein Tunnel absolut sicher ist, ein Busfahrer zuverlässig, ein Partner vertrauenswürdig? - Ich werde mich der Sache oder dem Menschen anvertrauen müssen. Hinterher werde ich mehr wissen!

Im Neuen Testament (Joh. 6,69) hören wir den Petrus sagen: "Wir haben geglaubt und erkannt, dass du bist der Christus, der Sohn des lebendigen Gottes!" - geglaubt und erkannt! - Das ist die Reihenfolge!

Zum Zweiten:

Am Ufer stand Jesus, aber die Jünger erkannten ihn nicht! - Er gibt ihnen die Anweisung: " Werfet das Netz rechts vom Boot aus, dann werdet ihr finden!" Die Anweisung scheint für einen Fachmann unsinnig: Am Tag fängt man keine Fische! Die bisherige Erfahrung, das heißt: die Wahrscheinlichkeit, spricht gegen den Erfolg.

Aber: Entgegen ihrer bisherigen Erfahrung werfen sie das Netz aus und können sich vor Erfolg bald nicht mehr retten. In der Parallelstelle vom "großen Fischzug " in Lk.5 steht ein wichtiger Zusatz, der hier einfach vorausgesetzt scheint: Dort sagt Petrus: "Es ist zwar verrückt, aber auf Dein Wort hin tun wir auch das scheinbar Verrückte!"

Wir einzelnen Christen und auch die Kirche als Ganzes sind gut beraten, wenn wir handeln nach dem, was uns nach Jesu Wort jeweils geboten ist: Es erscheint möglicherweise verrückt und ökonomisch - und kirchenpolitisch - nicht klug, sich zum Beispiel im Namen Jesu gegen Leute, die Macht und Einfluß haben, auf die Seite der Schwachen und Unterdrückten zu stellen, und doch machen wir auch heutzutage Erfahrungen, die uns wie Wunder erscheinen: Ich erinnere mich an einen Vorgang, der vor 6 Jahren durch die Medien unseres Ländles ging: Pfarrer und Christen beider Kirchen stellten sich in Schopfheim auf die Seite von Arbeitnehmern, deren Arbeitsplatz wegrationalisiert werden sollte. Trotz der Drohung des betroffenen Großbetriebes, er würde seine Arbeitnehmer zum Kirchenaustritt aufrufen, falls sie ihre Aktion nicht sofort abbrechen würden, blieben sie dabei. Offenbar glaubte der Betrieb in Zeiten knapper Finanzen und leerer Kassen als Druckmittel weiteren Mitgliederschwund einsetzen zu können. Wie verlautete, sind stattdessen 11 Menschen wieder neu in die Kirche eingetreten!

Die Kirche ist in unserem Osterbericht das Netz. Und das Netz wird voll. Auch wenn Leute aus der Kirche austreten! Das ist die Verheißung. Weil sie diese Verheißung hat, mache ich mir um die Zukunft der Kirche keine Sorgen. Und das Netz wird voll, ohne zu zerreißen! Es hält alle, die darin sind, zusammen, zum Leib Jesu Christi. Er ist das Haupt, sagt der Apostel Paulus: Ihr aber seid alle Glieder des einen Leibes! (1.Kor.12). - Die Jünger zählen 153 große Fische. Warum gerade 153? - Nach einer Auslegung des Heiligen Hieronymus sollen die antiken Zoologen 153 Fischarten ge-kannt haben. Das heißt: Zur Kirche Jesu Christi gehören alle Sorten von Menschen jeder Couleur, Rasse und Nation, weltweit. Jesus macht keine Unterschiede und Aus-grenzungen. Wer will, gehört dazu in seiner ganz speziellen Art und Individualität. Jede Begabung wird gebraucht!

Und Jesus stand am Ufer, aber sie erkannten ihn nicht! Irgend etwas ist anders an ihm. Er ist es, und er ist es auch nicht, - jedenfalls ist er nicht so, wie sie ihn gekannt haben. Keiner wagt zu fragen: Bist du es wirklich? Fast alles, was in unserer Szene geschieht, ist irgendwie geheimnisvoll, wie aus einer anderen Welt. Und das will uns ja unsere Ostergeschichte deutlich machen: Es ist der Auferstandene, der ihnen hier begegnet. Und sie sind voller Scheu. Sie spüren: Hier ist die Nähe Gottes! Sie spüren, dass sie hier dem Heiligen begegnen! - Ach hätten wir doch heute noch dieses Gespür für das Heilige! - Und die Ehrfurcht, die es gebietet! - Wir hören es aus dem Alten Testament herüberklingen: "Heilig, heilig, heilig, ist der Herr Zebaoth!" (Jes.6) - wir werden´s nachher beim Abendmahl wieder singen! - Und bei der Berufung des Mose: “Mose, ziehe deine Schuhe aus, denn der Ort, da du stehst, ist heiliges Land!" (2.Mose 3). - Vielen ist ja heutzutage bald nichts mehr heilig. Nicht das Leben und die Ehre anderer Menschen, und auch nicht die Ehre Gottes! Unter der Forderung von Toleranz ist so ziemlich alles erlaubt.! Aber wer mit Ackerschlappen das Heilige betritt, braucht sich nicht zu wundern, wenn er nicht gestärkt von der

Nähe Gottes wieder hinaustritt, sondern unter Gottes Zorn!

Die Jünger erkennen Jesus schließlich in der Art wie er ihnen begegnet, was er tut und wie er es tut. Er ist da, wo sie in Not sind. Aus seinem Verhalten spürt man eine fürsorgliche Liebe, wie wir sie von einer guten Mutter kennen: Mitten in ihren Frust über die erfolglose Arbeit und ihren Hunger hinein hören sie seine Stimme: "Kinder, habt ihr nichts rechtes zu essen? Nur trockenes Brot? nicht ein wenig Fisch?" Und dann, auf sein Wort hin, der erfolgreiche Fischzug! Hier wird bewußt der eklatante Gegensatz herausgestellt zwischen der erfolglosen Plackerei der Jünger und dem, was sie dann auf Jesu Wort hin tun und erleben!

Angesagt ist: ein bißchen mehr "ora!" statt "labora!" - ein bißchen mehr "Hallelujah", also Gotteslob, statt Maloche, ein bißchen mehr Vertrauen in den auferstandenen Herrn, statt Existenzangst und Sorge ums tägliche Brot ! - Während Petrus noch das Netz an Land zieht, sehen sie am Ufer ein Holzkohlenfeuer. Die Feierlichkeit der Szene ist nicht zu übersehen: Jesus bereitet das Mahl! - Brot und Fische! Ich werde an die Speisung der Fünftau-send erinnert. Alle sollen satt werden! Aber es ist keiner von den Fischen, welche die Jünger gefangen haben. Auf geheimnisvolle Weise ist er es selbst, an dem sie teil-haben sollen: Wahrscheinlich haben Sie es alle einmal gelernt oder gehört: Aus den Buchstaben des griechischen Wortes für "Fisch" / "Ichthys" lassen sich die Worte bilden: "Jesous + Christos + Theou + Hyios + Soter" was bedeutet: "Jesus +Christus + Gottes + Sohn + Retter" Darum das Fischsymbol als Erkennungszeichen der Urchristen. Manch einer hat´s ja auf die Karosserie sei-nes Autos geklebt.

Vom Ufer klingt´s herüber: "Kommet her zu mir alle, die ihr mühselig und beladen seid, ich will euch erquicken ! - Kommt, es ist alles bereit! "

Zum Dritten:

Unsere Erzählung hat ihre zentrale Aussage im Osterereignis. Das ist nun das Drittemal, dass Jesus offenbart wurde, nachdem er von den Toten auferstanden war. Das ist wichtig: Wir können hinter Ostern nicht mehr zurück! - Gott sei Dank! - Wäre Ostern nicht passiert, und dann auch die Begegnungen seiner Jünger mit dem Auferstandenen, gäbe es die christliche Kirche nicht! Nur weil Jesus auferstanden ist und lebt und den Jüngern erschienen war, waren sie nach dem Geschehen um den Karfreitag nicht verzweifelt auseinandergelaufen und haben das Unternehmen

Jesus für gescheitert erklärt! Mit der Botschaft von der Auferstehung ihres Herrn, hatten sie wieder festen Boden unter die Füße bekommen: "Ich lebe, und Ihr sollt auch leben!" (Joh.14,19) ist das Vermächtnis von Jesus an seine Leute. "Wer an den Sohn glaubt, der hat das ewige Leben und kommt nicht ins Gericht, sondern der ist schon vom Tod zum Leben hindurchgedrungen!" (Joh.5,29). - Das ist Hoffnung für alle. Das ist die Botschaft für uns am heutigen Sonntag Quasimodogeniti.

In der Taufe fing es an und im wachsenden Glauben und der Nachfolge Jesu wird´s greifbar und erkennbar: Wir sind berufen, zu sein wie die neugeborenen Kinder, "Quasimodogeniti", zu einem Denken, das Mut macht für das Kommende. - Jesus macht uns Mut: Du darfst mir vertrauen! Du darfst Dich neu an mir festmachen: Mein Kreuz, mein Ostermorgen: Sie gehören Dir! - Es ist gut zu wissen, dass wir in der Gefolgschaft dessen stehen, der die Menschen liebt und der den Tod besiegt hat. “Freut Euch, wir sind Gottes Volk“, haben wir gesungen.(EG 611). - Natürlich kann man durchaus seine Zweifel haben. Die Botschaft von Karfreitag und Ostern ist ja so einmalig und ohne Analogie! Aber ich möchte den Zweifel umdrehen:

Ich zweifle daran, dass unserem Gott, dem Schöpfer der Welt, etwas nicht möglich ist!

Amen

Anmerkung

Die eigentliche Predigt ist identisch mit der in Weinheim/Bergstr. an Quasimodogeniti am 11.04.1999 aus Anlaß der Goldenen Konfirmation gehaltenen Predigt über den damals vorgegebenen gleichen Text. Hörer und Gottesdienstsituation sind allerdings ganz verschieden. Entsprechend auch Einleitung und Schluß der jeweiligen Predigt.

Die Hauptsache

Predigt (15) in Emmendingen (Stadtkirche) am 25.12. 2004

1. Weihnachtstag

(Micha 5, 1 - 4a)

Liebe Gemeinde,

Was ist die Hauptsache?

Ein Mann der bekennenden Kirche soll zur Zeit des Kirchenkampfes im Dritten Reich des Öfteren gesagt haben: "*Die Hauptsache ist, dass die Hauptsache immer die Hauptsache bleibt!*" Das klingt banal, fast witzig. Aber der Mann hat recht! - Sie haben in schwieriger Zeit 1934 die Barmer Erklärung verfaßt. Dort heißt es unter anderem: *"Wir verwerfen die falsche Lehre, als gebe es Bereiche unseres Lebens, in denen wir nicht Jesus Christus, sondern anderen Herren zu eigen wären, ...*"(These 2, vgl.EG 888). Das war eine mutige Aktion. Es wurde gegen allen Anschein klar gesagt, wer für uns der Herr ist: *Herr ist Gott, ja der Mensch gewordene Gott: Jesus Christus!* Dass das wahr ist, und dass wir das zu jeder Zeit bekennen, das ist die Hauptsache! - Und das ist auch die Hauptsache beim Weihnachtsfest, das wir heute wieder miteinander feiern dürfen. Es ist die Botschaft der Engel auf dem Hirtenfeld von Bethlehem: " Fürchtet euch nicht, denn Euch ist heute der Heiland geboren, welcher ist Christus der Herr in der Stadt Davids!" Darüber dürfen und sollen wir uns von Herzen freuen mit allem, was unserer Freude Ausdruck verleiht: Darum unsere festlich geschmückte Kirche, die Lichter, unsere Lieder, überhaupt die herrliche weihnachtliche Musik, der Christbaum daheim und die Geschenke, und draußen die Weihnachtsmärkte. Die Hauptsache ist, dass die Hauptsache die Hauptsache bleibt!

Davon redet auch der Predigttext für den 1. Weihnachtsfeiertag 2004 aus Micha 5,1-4:

> ***(1) Und du, Bethlehem Ephratha, die du klein bist unter den Städten in Juda, aus dir soll mir der kommen, der in Israel Herr sei, welches Ausgang von Anfang und von Ewigkeit her gewesen ist. (2) Indes läßt er sie plagen bis auf die Zeit, dass die, so gebären soll, geboren habe; da werden dann die übrigen seiner Brüder wiederkommen zu den Kindern Israel. (3) Er***

aber wird auftreten und weiden in der Kraft des Herrn, seines Gottes. Und sie werden wohnen; denn er wird zur selben Zeit herrlich werden, soweit die Welt ist. (4) Und er wird unser Friede sein ..."

Das Volk zur Hauptsache zu rufen, das war auch die Aufgabe der Propheten des Alten Testaments. Sie sahen sich als von Gott berufen und sprachen in seinem Namen, ohne Rücksicht auf die Mächtigen ihrer Zeit. Was gesagt werden mußte, das wurde gesagt: Verlaßt euch nicht auf Menschen! Habt keine Angst vor ihnen! Gebt Gott die Ehre und vertraut euch seiner Führung an!

Einer von ihnen war Micha, ein Zeitgenosse des großen Jesaja. Schon sein Name ist Programm! Sein voller Name "Michajahu" heißt auf deutsch: "Wer ist wie Jahwe"? Wer ist so einer wie der Gott Israels? - Hat er euch nicht aus der Versklavung in Ägypten geführt und euch viel Gutes getan? Immer wieder hat er sie darauf hingewiesen. Also, was habt Ihr für einen Grund, euch von ihm abzuwenden, so zu tun, als ob es ihn nicht gäbe? Laßt euch nicht verführen von dem, was euch gerade opportun und nützlich erscheint, haltet euch an seinen Bund und seine Gebote Tag und Nacht! - In Micha 6,8 hört sich das so an: *"Es ist dir gesagt Mensch, was gut ist und was der Herr von dir fordert, nämlich Gottes Wort halten und Liebe üben und demütig sein vor deinem* Gott!"

Es war eine schwere Zeit damals für das Volk Israel - wann war´s das eigentlich nicht? - Aber im 8.Jhdt. vor Christus, als Jesaja und Micha lebten, ging es dem kleinen Volk, eingeklemmt zwischen Machtblöcken, die ständig auf Eroberungen aus waren, ständig Kriege miteinander führten, um´s blanke Überleben. Wie sollte man da an Gott festhalten? Mußte man nicht clever sein und sehen, wo man bleibt? Darum: Immer wieder Drohworte von Seiten der Propheten: "Glaubt ihr nicht, so bleibt ihr nicht!" (Jes.7,9) - Micha wie Jesaja müssen miterleben, wie Zehn der Zwölf Stämme Israels im Jahre 722 v.Chr. von den Assyrern deportiert werden. Ihre Hauptstadt, Samaria, wird dem Erdboden gleichgemacht. Von ihnen selbst hat man nie mehr etwas gehört! - Deportation, Verschleppung! - Was für eine fürchterliche Vorstellung! Erinnerungen werden wach! - Wo ist Gott? Hat er uns vergessen? - Gebete steigen auf:" Ach, dass du doch den Himmel zerissest und kämest herab!" Jes.64,1) - Und jetzt: Wunderbare Trostworte und Verheißungen: "Ein Rest wird zurückkehren!" - Jesaja gibt seinem jüngsten Sohn diesen Namen, damit es ja nicht in Vergessenheit gerät: "Schear jaschub" Nennt er ihn: "Ein Rest kehrt um!" (Jes.7,3; 20) -

Auch Micha spricht davon und mit dem Rest wird Gott nocheinmal etwas ganz Neues beginnen einen ganz neuen Bund schließen, und er wird über das Volk Israel hinaus allen Menschen gelten, weltweit! - Die Verheißung wird konkret: "Und du, Bethlehem-Ephrata, der kleinsten und unbedeutendsten Sippe in Juda, aus dir soll mir der kommen, der in Israel Herr sei !" Ein Reis wird aufsprießen aus der Wurzel Isai, dem Efratiter und Stammvater der Familie des Königs David. Die war in Bethlehem da-heim. - Jahrhunderte später wird die Christenheit darüber eines der schönsten Weihnachtslieder singen: *"Es ist ein Ros entsprungen, aus einer Wurzel zart, wie uns die Alten sungen, von Jesse kam die Art!"* (EG 30). - Und weiter heißt es bei Micha: Wohl wird der kommende Herrscher einer sein aus dem Stamm Davids, und doch wird er die Grenzen irdischen Herrschertums sprengen als einer, der von Anfang der Welt an existiert hat, und der in Ewigkeit sein wird. Wir ahnen: Nur Gott selber kann damit gemeint sein! - "Gott wird Mensch, dir Mensch zugute, Gottes Kind, das verbind´t sich mit unserm Blute." (EG 36,2) haben wir zu Beginn unseres Gottesdienstes gesungen! Er wird sie weiden wie ein guter Hirte in der Kraft Gottes, und sie werden sicher wohnen! - Ich höre den 23. Psalm: *"Der Herr ist mein Hirte, mir wird nichts mangeln, er weidet mich auf einer grünen Aue und führet mich zum frischen Wasser, um seines Namens willen..."* Mit Martin Luther King möchte ich ausrufen: „I have a dream!“, einen Traum, der weit über meine Möglichkeiten hinausreicht! - Wird es möglich sein, auch nur ein wenig von dem zu verwirklichen, was hier angesprochen ist?

Sicher wohnen: In einer Zeit des Terrorismus und der entsprechenden Versuche, sich abzusichern? - Wir erleben zunehmende Armut für viele und gleichzeitig zunehmenden Reichtum für wenige! - Kann es *frisches Wasser* für alle geben, wo reiche Länder sich konstant weigern, den "Kyoto-Vertrag" – möglicherweiswe auch Nachfolgeverträge! - für verbesserte Umweltbedingungen zu unterschreiben?

Grüne Auen, wo immer noch riesige Gebiete von Landminen verseucht sind, die jährlich Tausende von unschuldigen Menschen töten oder verstümmeln und die Hauptproduzenten dieser heimtückischen Waffen nicht bereit sind, die Produktion einzustellen? - Ich höre das Kind in der Krippe von Bethlehem als erwachsenen Mann sagen: "Ich bin der gute Hirte!" (Joh.10,11). Und ich weiß, dass er das nie gebilligt hätte! Und ich weiß auch, dass er unter der Gemeinheit von Menschen in unserer Welt mehr gelitten hat als jeder von uns. Aber ich denke, das gehört mit zur Menschwerdung Gottes, dass er sich nicht einfach die angenehmen Seiten des Menschseins herausgepickt hat, sondern in allem unser Bruder geworden ist, bis zur völligen Verzweiflung und einem elenden Tod. Er hat das Reich Gottes verkündet, und den Armen und Elenden das Heil zugesprochen. Und in seinen Worten und Taten war das Anbrechen des Reiches Gottes mit Händen zu greifen: "Blinde sehen, Lahme gehen, Aussätzige werden rein!" - und das heißt auch: Aus der Gesellschaft Ausgestoßene dürfen zurückkehren und werden wieder voll integriert! - und den Armen, die nichts gelten, und die vermutlich nichts Gutes mehr erwarten, denen wird gesagt, dass Gott in Bälde sein Friedensreich über die ganze Welt errichten wird!

Das ist das Programm Jesu. Ein starkes Programm, das bis heute selbst die fasziniert, die in ihm nur einen großen Menschen sehen. Selbst Skeptiker spüren, dass da, wo er ist, wo sein Geist weht, sich Himmel und Erde berühren. Und darum läßt sie dieser Mann, Jesus von Nazareth, nicht los! - Mit diesem Thema beschäftigt sich zur Zeit auch eine Serie der Zeitschrift "PM, Welt des Wissens"! -

Gewiss, noch hat sich trotz Weihnachten noch nicht alles erfüllt, was uns von Gott verheißen ist. Noch leben wir in dieser Welt, in der es neben vielem Schönen auch Leid und Tod und Trauer gibt. "Es ist noch nicht erschienen, was wir sein werden!" lesen wir im 1.Johannesbrief (1. Joh.3,2). Darum beten wir auch immer noch: "Dein Reich komme!" Aber ich bin sicher, dass sich alles erfüllen wird, so wie die Prophezeiung des Propheten Micha sich erfüllt hat im Blick auf das Geschehen in Bethlehem! Jesus hat uns versprochen, dass er wiederkommt und sein Werk vollendet. Und sicher ist mit Weihnachten jetzt schon Wirklichkeit, was Micha vorausgesagt sagt: " Er wird unser Friede sein!" Was das bedeutet, können wir in Micha 7 nachlesen: *" Wer ist ein Gott wie du, der Schuld vergibt und Frevel verzeiht? Er wird sich unser wieder erbarmen und unsere Schuld zertreten und all unsere Sünde hinabwerfen in den Abgrund des Meeres!" (Mi. 7,18-20)* - Das heißt dann im Neuen Testament: *"Also hat Gott die Welt geliebt, dass er seinen eingeborenen Sohn gab, damit alle, die an ihn glauben, nicht verloren werden, sondern das ewige Leben haben." (Joh. 3,16)*. Und das ist die Bedeutung von Weihnachten in komprimierter Form!

Und die Hauptsache für uns ist: Dass wir bei all den schönen Nebensachen dies die Hauptsache bleiben lassen und es machen wie die Hirten von Bethlehem: "Da sie es aber gesehen hatten, breiteten sie das Wort aus, das ihnen von diesem Kinde gesagt war!" - Und dass wir da, wo wir gefordert sind, wie die von Barmen erklären: "*Wir verwerfen die falsche Lehre, als gebe es Bereiche unseres Lebens, in denen wir nicht Jesus Christus, sondern anderen Herren zu eigen wären! ...*"

Amen.

Todesrealität und Glaubenshoffnung

Ansprache zum Totengedenken

Predigt auf dem Friedhof Weinheim /Bergstr. am 15.Oktober 2004
(Anlaß: Wiedersehensfeier des Jahrgangs 1934/35)
Biblischer Bezug: Joh.11,25 und Rö.14,9

<u>Bibeltexte:</u>

" Jesus (Christus) spricht: Ich bin die Auferstehung und das Leben. Wer an mich glaubt, der wird leben, ob er gleich stürbe " (Joh.11,25)

" Denn dazu ist Christus gestorben und wieder lebendig geworden, dass er über Tote und Lebendige Herr sei. " (Rö.14,9)

Verehrte Damen und Herren,
Liebe Freunde, Altersgenossinnen und Altersgenossen.
Liebe Schwestern und Brüder in Jesus Christus,

Unser Jahrgang 1934/35 begeht seinen Siebzigsten. Grund zum feiern, dankbar zu sein, sich zu erinnern. Wir leben ja noch! Aber so manch eine und manch einer von uns, die wir gut gekannt haben, sind nicht mehr unter uns, werden nicht dabei sein, morgen beim Treffen im "Rolf-Engelbrecht-Haus".-
Wißt Ihr noch, als wir bei unserem 50 - Jährigen hier unserer Toten gedachten? Da haben wir die Namen von 26 aus unseren Reihen verlesen, die uns so früh verlas-

sen mußten. Als wir dann als 60-Jährige aus gleichem Anlaß hier zusammenkamen, waren es schon so viele, dass wir ihre Namen nicht mehr einzeln nennen konnten. Jetzt sind wir wieder da: Inzwischen sind wir 70. Noch mehr unserer Freunde und Lieben können nicht mehr dabei sein. Wir haben aus mehreren Gründen darauf verzichtet, ihre Namen hier vorzulesen, vor allem weil wir niemand vergessen wollten und sich niemand übergangen fühlen soll. - Für viele von uns noch Lebende gehört inzwischen der Gang zum Friedhof nahezu zum Tagesablauf. Grabsteine, Blumen sind sichtbare Zeichen Eueres Gedenkens. Und mit den Gräbern haben wir einen Ort, an dem wir unserer Trauer und unserem Erinnern in besonderem Maße Raum geben können. Wir tun dies auf unterschiedliche Weise. Heute tun wir´s gemeinsam! Ja, wir haben sie nicht vergessen, unsere Toten! Darum sind wir am Vorabend unserer Wieder-sehensfeier hierher auf den Friedhof gekommen, um uns an sie zu erinnern, ihrer zu gedenken, ja sie in unser Feiern mit einzubeziehen. - Das ist mehr als ein guter Brauch! Wir dokumentieren: Ihr, die Ihr uns vorausgegangen seid, - ihr gehört nach wie vor zu uns! Wir sind bei Euch mit unseren Gedanken!-

Bringt das eigentlich etwas, an die Toten zu denken, gar für die Toten zu beten? Der bekannte frühere Stuttgarter Pfarrer Jörg Zink schreibt dazu:

> *"Manche fragen mich: Darf man für die Toten beten? / Ich wüßte nicht, was uns hindern sollte. Sie sind ja nicht tot, sondern leben. / Gott, sagt Jesus, / ist nicht ein Gott von Toten,/ sondern von Lebendigen. / Hier wie drüben... / Wo unsere Lieben sind, ist derselbe Gott, dem wir auch hier vertrauen. / Und in seiner Hand wissen wir uns selbst / und sie, von denen wir hier noch getrennt sind!"*

Wir wollen an dieser Stelle eine Gedenkminute für unsere Verstorbenen einlegen: Wir können ihnen danken für das, was sie uns gewesen sind, und wir können um Vergebung bitten, wo wir schuldig aneinander geworden sind, oder wo ihr Tod uns keine Zeit ließ, Dinge zu klären, die uns jetzt noch belasten: Laßt uns ihnen sagen, was uns im Augenblick gerade wichtig ist...

Wir leben noch! - Da ist es allemal gut, von Zeit zu Zeit inne zu halten und sich bewußt zu werden, was schon der alte Madrigal sagt: "Media vita in morte sumus! -

Mitten im Leben sind wir vom Tod umfangen!" (EG 518). - Viele verdrängen das. Alt-werden, Krank-sein, Sterben-müssen, das paßt nicht so leicht zu dem Traum von ewiger Jugend, der uns in den Medien unserer Tage immer wieder begegnet - und mit dem so manches Geschäft gemacht wird. - Dabei gehört der Tod zu unserem Leben wie das Essen und Trinken. Es ist ganz natürlich, dass uns das Angst machen kann, aber es kann uns auch helfen, den Rest unseres Lebens nicht zu vertrotteln, sondern gezielter zu nutzen für das, was uns als sinnvoll erscheint!

Ja, so ist es: "Media vita in morte sumus! "- "Mitten im Leben sind wir vom Tod umfangen!" Und keiner kennt die Spanne der ihm verbleibenden Zeit! -

Gerade dieser Tage bin ich wieder ganz massiv darauf gestoßen worden während meines Segelurlaubs am Bodensee, an der Absturzstelle über Überlingen, wo in der Nacht vom 1.auf 2.Juni 2002 aus Ufa in Russland kommend, 71 Menschen darunter 49 Kinder und Jugendliche nach einem Zusammenstoß ihrer Verkehrsmaschine mit einem deutschen Frachtflugzeug ums Leben gekommen waren. - Sie waren unterwegs in den Urlaub. - Sie haben ihn nicht erlebt. Stattdessen nun an der Absturzstelle bei Brachenreute ein Erinnerungsmal mit der genannten Mahnung und einer Sammlung von Spielsachen und Plüschtieren, die Angehörige und Freunde, gegen das Vergessen dort niedergelegt haben. - Erschütternd und tröstend zugleich! Tröstend, weil Men-schen in ihrer Trauer und in ihrem Schmerz - und in ihrer Liebe! - gegen das Vergessen angehen. Erschütternd, weil wir die Erfahrung machen, dass mit der Zeit die Fähigkeit, sich zu erinnern schwächer wird, Bilder und Fotos der Erinnerung mit der Zeit blasser werden und vergilben, und die, die sich erinnern und nicht vergessen wollen, selber alt und schwach werden, und Neues uns förmlich überrollt. Solches Nachdenken führt uns ganz schnell die Vergänglichkeit, zumindest die Ver-änderlichkeit alles Irdischen vor Augen, und es wäre durchaus zum Verzweifeln, gäbe es nicht die Hoffnung, dass wir allesamt - die Lebenden und die Toten - bei Gott und in seiner Güte gut aufgehoben sind! - Das sagen alle Religionen. Aber es gibt einen entscheidenden Unterschied: Bei uns Christen gipfelt der Grund unserer Hoffnung und unseres Vertrauens nicht in einer Vorstellung oder gedanklichen Konstruktion, sondern in einer Person: Dem Menschen Jesus von Nazareth, den Gott auferweckt hat und für uns zum Erlöser und Garanten des Lebens gemacht hat: *"Ich bin die Auferstehung und das Leben!"*, sagt er, *"wer an mich glaubt, wird leben, auch wenn er stirbt!"* - Er ist die Klammer zwischen der Welt, in der wir leben und der künftigen heilen Welt Gottes, die uns versprochen ist. Er ist die Klammer zwischen uns und unseren Toten! *"Denn dazu ist Christus gestorben und auferstanden und wieder lebendig geworden, dass er über Tote und Lebende Herr sei."* lesen wir im Brief des Apostels Paulus an die damalige Christen-Gemeinde in Rom. (Rö.14,9) Er ist der Herr über Lebende und Tote, der Pantokrator, der Herr über alles, von dem wir im Glaubensbekenntnis bekennen, dass er wiederkommt zu richten die Lebenden und die Toten! Nicht der mächtige Kaiser in Rom, nicht irgendein mächtiger Despot, noch nicht einmal der Tod ist der Herr, sondern: "Herr ist Christus" - "Kyrios Christos!" - In diese formelhafte Aussage haben schon die urchristlichen Gemeinden ihren Glauben zusammengefaßt. Das gab ihnen eine große Gelassenheit. Zum Glück ist er es, der von sich sagt: Er sei gekommen zu suchen und selig zu machen, was verloren ist. Nichts kann uns daran hindern, ihm unser Glück und unser Versagen vorzutragen. Keine Schuld ist so groß, dass wir ihn nicht jederzeit vertrauensvoll bitten dürfen: "Kyrie eleison!" - "Herr, erbarme dich", wie wir´s ja auch im Gottesdienst immer wie-der tun. So ist Jesus Christus der Garant Gottes dafür, dass er keinen von uns vergessen hat, weder die noch Lebenden noch die Toten. So sind wir nicht allein, auch wenn wir uns oft so fühlen! -

Das wollen wir mitnehmen, auch in unsere Wiedersehensfeier morgen im "Rolf-Engelbrecht-Haus", von der ich wünsche, dass viele angenehme Begegnungen statt-finden, so manches "Weißt Du noch?" aufbricht, - bei dem sicherlich auch das Erinnern an die verstorbenen Freunde aus unserem Jahrgang mit eingeschlossen sein wird.

Amen.

Das Leben gewinnen

Predigt in Nimburg (Kirchenbezirk Emmendingen), am 02.03.2003

Estomihi

Markus 8, 31-38

> ***(1) "Und er hob an, sie zu lehren: Des Menschen Sohn muß viel leiden und verworfen werden von den Ältesten und Hohepriestern und Schriftgelehrten und getötet werden und nach drei Tagen auferstehen. (32) Und er redete davon frei und offen. Und Petrus nahm ihn beiseite und fing an, ihm zu wehren. (33) Er aber wandte sich um und sah seine Jünger an und bedrohte Petrus und sprach: Hebe dich, Satan, von mir! denn du meinst nicht, was göttlich, sondern was menschlich ist. (34) Und er rief zu sich das Volk samt seinen Jüngern und sprach zu ihnen: Wer mir will nachfolgen, der verleugne sich selbst und nehme sein Kreuz auf sich und folge mir nach. (35) Denn wer sein Leben erhalten will, der wird´s verlieren; und wer sein Leben verliert um meinetwillen und um des Evangeliums will, der wird´s erhalten. (36) Denn was hülfe es dem Menschen, wenn er die ganze Welt gewönne und nähme doch an seiner Seele Schaden? (37) Denn was kann der Mensch geben, damit er seine Seele löse? (38) Wer sich aber mein und meiner Worte schämt unter diesem abtrünnigen und sündigen Geschlecht, dessen wird sich auch des Menschen Sohn schämen, wenn er kommen wird in der Herrlichkeit seines Vaters mit den heiligen Engeln."***

Liebe Gemeinde,

Was uns hier berichtet wird, ist für die Jünger Jesu - und ich will behaupten: auch für die christliche Gemeinde - zunächst ein Schock! Gerade hatte Petrus - und mit ihm die übrige Jüngerschar - unter dem gewaltigen Eindruck dessen, was sie in der Nachfolge Jesu erlebt hatten, bekannt: Du bist der Christus! Der verheißene Messias! - Kein Wunder: Eine neue Zeit war angebrochen: Sie haben es aus nächster Nähe miterlebt, was bereits bei Jesaja (Kap.31) angekündigt war: "Blinde sehen, Lahme gehen, Aussätzige werden rein und den Armen wird das Reich Gottes gepredigt!" - Wahnsinnige Aufbruchstimmung. Ein gewaltiges soziales Programm: Endlich eine gerechtere Welt! Endlich Freiheit von der Gewaltherrschaft der Römer. Hoffnung also auch auf eine neue nationale Selbstbestimmung und Idendität. Wie sollte man sich da nicht anschließen und mitmachen? Sogar radikale religiöse und politische Eiferer zog es in seinen Bann: Simon, der Zelot, der Eiferer also, und Judas, der Zelot waren im engsten Jüngerkreis zu finden! Und dann der Schock: "Und Jesus fing an, sie zu lehren, der Menschensohn müsse viel leiden und von den Ältesten und den Hohepriestern und den Schriftgelehrten verworfen werden und getötet werden und nach 3 Tagen müsse er auferstehen." (V.31). Petrus nimmt Jesus auf die Seite, macht ihm Vorwürfe! - Nach dem Matthäusevanglium hat er sogar gesagt: "Gott verhüte es, Herr, das soll dir nicht widerfahren!" Und diese Haltung hat Petrus beibehalten, sogar noch als er bei der Gefangennahme Jesu das Schwert zog! - So sehr liebte er Jesus - und sich selbst!"

Ich kann den Petrus gut verstehen! Wer läuft schon gern einem Schwachen, einem Looser hinterher? Lieber reich und schön als arm und häßlich! Wer identifiziert sich schon gern mit einem Verlierer? - Machen es uns die Medien nicht jeden Tag von neuem vor, wie erfolgreiches Leben auszusehen hat? - Also sagt Petrus: "Gott verhüte es, Herr, das soll dir nicht widerfahren!" - und uns auch nicht!, könnte man ergänzen. Es ist geradezu paradox, dass Petrus hier gutgemeint Gott bemüht, ohne zu fragen, ob das, was er will, auch Gottes Wille ist!

Wir Heutigen wissen es im Nachhinein besser als der Jünger Petrus in der damaligen aktuellen Situation: Gott will gerade diesen Weg Jesu durch Kreuz und Auferstehung zu unserer Rettung: Von Weihnachten klingts noch herüber: "Also hat Gott die Welt geliebt, dass er seinen eingeborenen Sohn gab, damit alle, die an ihn glauben nicht verloren werden, sondern das ewige Leben haben!" (Joh.3,16). Alles, das ganze Erlösungswerk Gottes steht damit auf dem Spiel, wie Jesus sich verhält! Und die Bemühung des Petrus, Jesus von diesem Weg abzubringen, war sicher auch für Jesus eine wahnsinnige Versuchung. (Die Szene erinnert an die Versuchung Jesu in der Wüste (Mt. 4,1-11). Sie ist das Thema des kommenden Sonntags (Invokavit).

Was wundert´s also, dass Jesus den Petrus barsch zurecht weist und ihn "Satan" , also *Widersacher gegen Gottes Sache,* nennt. So kannst du, lieber Petrus, mir nicht nachfolgen! "Wer mir nachfolgen will", sagt Jesus, "der verleugne sich selbst und nehme sein Kreuz auf sich und folge mir nach!" (Mt.16,24). Und wer sein

Leben verliert um meinetwillen und um des Evangeliums willen, der wird´s erhalten! Denn: "Was hülfe es dem Menschen, wenn er die ganze Welt gewönne und nähme doch Schaden an seiner Seele? Denn: Was kann der Mensch geben, damit er seine Seele auslöse? Die Nachfolge Jesu eröffnet eine ganz neue Sicht des Lebens, über dieses Leben hinaus. Dafür gibt es Beispiele und Erfahrungen, die Jedermann leicht nachvollziehen kann. Auf den ersten Blick wird mir klar, dass einer reinen Spaß- und Konsumgesellschaft hier mehr Tiefgang entgegensetzt wird. Damit, dass jeder sein Kreuz tragen soll ist wohl auch nicht einfach gemeint, dass halt jeder sein tägliches Kreuz hat, und die üblichen Wehwehchen und Probleme: Man hat halt sein Kreuz, und das muß man halt tragen! - Diese Art von Kreuz haben auch die andern, die, die nicht in der Nachfolge Jesu stehen! Wer aber in der Nachfolge Jesu steht und sich seiner Liebe verpflichtet weiß, der wird zumindest versuchen, sich so zu verhalten, dass er auch um das Wohlergehen anderer Menschen besorgt ist, und wird bereit sein dafür persönliche Opfer zu bringen. Das kann dann schon zu einem spürbaren Kreuz werden! - Es kann, muß aber nicht gleich das Einstehen mit dem Leben sein für die Sache Jesu, wie wir das von Dietrich Bonhoeffer, Pater Maximillian Kolbe oder dem "Prediger von Buchenwald" Pfarrer Paul Schneider und anderen kennen.

Ich denke z.B. an Menschen die in Hunger-und Katastrophengebieten humane Hilfe leisten und dafür persönliche Nachteile in Kauf nehmen. Ich denke in diesem Zusammenhang aber auch an Menschen die ohne große Töne zu machen, in ihrem ganz normalen Alltag wenigstens ein Stück weit die Liebe Jesu an ihre Umgebung weitergeben, z.B. an Alte, Kranke, Behinderte. Ich denke an Menschen, die auch in unseren Tagen treu zu ihrem Partner und zu ihrer Familie stehen, wo Liebe und Partnerschaft trotz Treueversprechen gar schnell auf die leichte Schulter genommen werden. Ich denke an manche junge Mutter, die bewußt auf eine berufliche Karriere verzichtet und sich ihren Kindern widmet, obwohl ihr das möglicherweise Nachteile bringt, und oft auch noch den Spott der Freundinnen dazu!

Es kommt nicht von ungefähr, dass die Epistellesung für den heutigen Sonntag das sogenannte Hohelied der Liebe ist, aus 1.Kor.13, wo beschrieben wird, wozu wirkliche Liebe alles imstande ist. Sie sollten es mal wieder in Ruhe lesen!

Kommen wir zu der dreimaligen Begründung, die uns Jesus vor Augen hält und die jedesmal mit "denn" beginnt.

Das erste *"Denn":*

"Denn wer sein Leben erhalten will, der wird´s verlieren! und wer sein sein Leben verliert um meinetwillen und um des Evangeliums willen, der wird´s erhalten." Vielleicht kennen Sie auch solche Menschen, von denen man den Eindruck hat, dass sie ständig irgend etwas hinterher rennen. Ständig auf Schnäppchenjagd, ständig aber auch in der Angst, sie könnten in irgendeiner Form zu kurz kommen und etwas verpassen. Und ich glaube, die verpassen tatsächlich etwas Wesentliches: Sie verpassen ihr Leben! - Der zweite Teil des Argumentes: "Wer sein Leben verliert um meinetwillen und um des Evangeliums willen, der wird´s erhalten" erschließt sich ganz von selbst vom Ende unseres Textes her, wo vom wiederkommenden Menschensohn die Rede ist. Im Glaubensbekenntnis sagen wir es so: "Er sitzt zur Rechten Gottes, des allmächtigen Vaters. Von dort wird er kommen, zu richten die Lebenden und die Toten!" Jesus sagt: "Wer sich meiner und meiner Worte schämt. dessen wird sich auch der Menschensohn schämen, wenn er wiederkommen wird in der Herrlichkeit seines Vaters!" So steht es in unserem Text. Und das Umgekehrte gilt genauso: Wer sich zu Jesus und seinem Wort bekennt - und das kann in unserer schönen Welt durchaus "sein Kreuz tragen" bedeuten - zu dem bekennt sich auch der gekreuzigte, auferstandene und wiederkommende Herr, - unser Herr: Jesus Christus!

Das zweite *"Denn":* "Denn was hülfe es dem Menschen, wenn er die ganze Welt gewönne und nähme doch Schaden an seiner Seele?" - Zu einem indischen Yoga-Lehrer kam ein erfolgreicher Geschäftsmann um wieder zu sich selbst zu kommen: Er hatte eine Warenhauskette, einen Herzinfarkt und zwei Magengeschwüre!

Das dritte *"Denn":* "Denn was kann der Mensch geben, damit er seine Seele wieder löse ?" Ich sehe noch meinen Deutschlehrer vom Weinheimer Gymnasium vor mir stehen: Einmal sagte er zu uns: "Tun Sie alles, aber tun Sie nie etwas gegen Ihr Gewissen!" Wer sein Gewissen verletzt, verstößt gegen sein Innerstes, verletzt seine Seele! - Vieles läßt sich mit unseren Möglichkeiten nicht mehr in Ordnung bringen, wenn wir auch noch so viel dafür aufbrächten. Es ist ähnlich wie mit dem bösen Wort: Einmal ausgesprochen, läßt es sich nicht mehr einfangen und zurücknehmen. Aber einer kann, weil er den Weg des Gehorsams zum Vater gegangen ist, sagen: "Sei getrost, deine Sünden sind dir vergeben!"

Ich komme zum Schluß: Ich denke, der Schock, von dem wir am Anfang sprachen, ist ein heilsamer Schock!: Und er hob an sie zu lehren: "Des Menschen Sohn muß viel leiden und verworfen werden ... und getötet werden und nach drei Tagen auferstehen!" Was den Schock bei Petrus und den Jüngern auslöste - möglicherweise auch bei manchem heutigen Christen - ist unser Glück! Nur Jesus kann, weil er seinen Weg im Gehorsam zu Gott gegangen ist, sagen: "Kommet her zu mir alle, die ihr mühselig und beladen seid, ich will euch erquicken!" (Mt.11,28). Und er wendet sich an die Menschen, die es mit ihm halten, seine Jünger, die versuchen, es ihm, wenigstens in ihrem Umfeld, ein Stück weit gleichzutun.

Amen.

Barmherzige Ungerechtigkeit

Predigt in Emmendingen (Dietrich -Bonhoeffer-Gemeinde) am 16.02.2003

Septuagesimä

Matthäus.20, 1-16a

> ***(1) Das Himmelreich ist gleich einem Hausvater, der früh am Morgen ausging, Arbeiter zu dingen in seinen Weinberg. (2) Und da er mit den Arbeitern eins ward um einen Silbergroschen zum Tagelohn, sandte er sie in seinen Weinberg. (3) Und ging aus um die dritte Stunde und sah andere an dem Markte müßig stehen. (4) und sprach zu ihnen: Gehet auch ihr hin in den Weinberg; ich will euch geben, was recht ist. (5) Und sie gingen hin. Abermals ging er aus um die sechste und neunte Stunde und tat gleich also. (6) Um die elfte Stunde aber ging er aus und fand andere stehen und sprach zu ihnen: Was steht ihr hier den ganzen Tag müßig ? (7) Sie sprachen zu ihm: Es hat uns niemand gedingt. Er sprach zu ihnen: Gehet auch ihr hin in den Weinberg. (8) Da es nun Abend ward, sprach der Herr des Weinbergs zu seinem Verwalter: Rufe die Arbeiter und gib ihnen den Lohn und heb an bei den letzten bis zu den ersten. (9) Da kamen, die um die elfte Stunde gedingt waren, und***

empfing ein jeglicher seinen Groschen. (10) Da aber die ersten kamen, meinten sie. sie würden mehr empfangen; und sie empfingen auch ein jeglicher seinen Groschen. (11) Und da sie empfingen, murrten sie wider den Hausvater, (12) und sprachen: Diese letzten haben nur eine Stunde gearbeitet, und du hast sie uns gleich gemacht, die wir des Tages Last und Hitze getragen haben. (13) Er antwortete aber und sprach zu einem unter ihnen: Mein Freund, ich tue dir nicht unrecht. Bist du mit mir nicht eins geworden um einen Groschen ? (14) Nimm, was dein ist und geh! Ich will aber diesem Letzten geben gleich wie dir. (15) Habe ich nicht Macht zu tun, was ich will mit dem Meinen ? Siehst du darum scheel, dass ich so gütig bin? (16) So werden die Letzten die Ersten und die Ersten die Letzten sein..."

Liebe Gemeinde,
Der *Sonntag Septuagesimä* liegt im Kirchenjahr so ungefähr in der Mitte zwischen Weihnachten und Ostern. Entsprechend weist dieser Sonntag nocheinmal voll auf die Mitte dessen hin, was Jesus gewollt und verkündigt hat: Es geht ihm mit Wort und Tat um die Botschaft, dass mit ihm das Reich Gottes bereits angebrochen ist, und er ruft die Menschen zur totalen Umkehr ihres Denkens auf. Nicht Verzweiflung ist angesagt, sondern alles Denken und Handeln soll von der frohen Botschaft geprägt sein: Gott meint es gut mit Dir und der Welt. Seine Herrschaft ist schon angebrochen!

Und damit es die Leute auch verstehen und aufnehmen können, tut er zeichenhaft Wunder und erklärt ihnen das Wesen der Gottesherrschaft mit vielen Gleichnissen, die ihrem Alltag entnommen sind: So geschieht es auch in unserem *Gleichnis von den Arbeitern im Weinberg*. Man muß sich die Szenerie vorstellen: Leute stehen auf dem Marktplatz herum, manche schon ganz früh am Morgen, andere später und die Letzten so eine Stunde vor Feierabend: Alle haben das eine Ziel, dass sie jemand in Arbeit nimmt, wenigstens für kurze Zeit, damit sie sich und ihre Familie über Wasser halten können. - Es sind im wahrsten Sinne des Wortes arme Kerle: Tagelöhner eben, wie man sie in den armen Ländern unserer Welt immer noch massenhaft antrifft. Kein fester Arbeitsvertrag über längere Zeit, schon gar keine soziale Absicherung. Kein Besitz von Arbeitsmitteln, außer der blanken Arbeitskraft und der Hoffnung, dass irgend jemand sie beschäftigt und sie einigermaßen ordentlich bezahlt. Die hier in unserer Erzählung haben Glück: Ein Weinbergsbesitzer kommt und schickt sie in seinen Weinberg zur Arbeit. Der ausgehandelte Lohn beträgt 1 Denar (s.Lit) für jeden. Das reichte geradeмal, dass man damit sich und seine Familie für einen Tag ernähren und über die Runden bringen konnte! Und der Weinbergsbesitzer kommt nicht nur einmal auf den Marktplatz, sondern fünf mal!

Morgens um sechs, dann um neun, nocheinmal um zwölf, nocheinmal um 3 Uhr nachmittags, und schließlich nocheinmal um fünf, kurz vor Feierabend. Es überrascht an der Geschichte, dass der Besitzer des Weinbergs sooft zum Marktplatz geht und dass er so kurz vor Toresschluß selbst die, die er da noch findet, beschäftigt. So aber ist Gott, sagt Jesus: Jeder, der bereit ist, in seinem Weinberg zu arbeiten, wird eingestellt, auch noch kurz vor Toresschluß!

Die Lohnzahlung kommt: Nichts entspricht unseren Erfahrungen in der Arbeitswelt, und schon gar nicht unseren Vorstellungen von gerechtem Lohn - außer vielleicht dem Protest derer, die sich ungerecht behandelt fühlen. - Undenkbar, dass unter so verschiedenen Arbeitsbedingungen und Einsatzzeiten gleicher Lohn gezahlt wird! Die einen arbeiten den ganzen Tag über. Sie haben die ganze Last und Hitze des Tages getragen, sich womöglich Schwielen geholt, sich krumm und bucklig geschafft, andere arbeiteten entsprechend weniger, - die zuletzt eingestellten sogar nur noch eine Stunde, und das in der Abendkühle. Vielleicht haben sie gerade noch die Geräte sauber gemacht und weggeräumt. Dann kommt die Lohnauszahlung und alle bekommen das Gleiche!: - Einen *Denar.* Was wundert´s, dass die einen ihren Lohn dankbar empfangen und mit offenen Händen, die andern aber mit geballter Faust und bösem Blick und unter Protest: "Als sie ihren Denar empfangen hatten, heißt es in unserem Text, da murrten sie wieder den Hausherrn und sagten: Diese Letzten haben nur eine Stunde gearbeitet und du hast sie uns gleichgemacht, die wir die Last und Hitze des Tages getragen haben."

Der Weinbergsbesitzer hört sie an und antwortet ihrem Sprecher: "Warum blickst du böse, weil ich gut bin?" Bist Du nicht gemäß unserem Vertrag entlohnt worden? Ein Denar war abgemacht, den hast du bekommen!

Trotzdem: Ich kann den bösen Blick und die Unzufriedenheit verstehen! - Wo kämen wir hin, wenn es keine Lohn-und Tarifgerechtigkeit gäbe? Würden nicht die Gammler und Faulenzer nur noch in ihrem Schlendrian bestärkt werden? Die Fleißigen müssen gefördert werden! Von ihnen lebt die Gesellschaft! Niemand möchte um seinen gerechten Lohn betrogen werden. Und auch nicht um die Anerkennung, die er durch ordentliche Arbeit und durch gute Arbeitsmoral verdient hat! Woher soll denn Leistung kommen, wenn am Ende ohnehin für jeden das Gleiche herauskommt?

Wie kommt also Jesus dazu, solch eine skandalöse Geschichte zu erzählen? Jesus beabsichtigt die Verfremdung. Er will, dass sich seine Zuhörer darüber empören und dadurch besonders die Ohren spitzen. Und er will an dieser skandalösen Geschichte einen charakteristischen Wesenszug Gottes und seiner Herrschaft verdeutlichen!

Es geht ihm hier gar nicht so sehr um unsere Art zu wirtschaften als vielmehr darum, an dieser Geschichte gleichnishaft zu beschreiben, was geschieht, wenn Gottes Herrschaft und Reich anbricht. - Zugleich ist dieses Gleichnis von den Arbeitern im Weinberg eine Anwort auf die Frage die der Apostel Petrus an Jesus (ein Kapitel vorher) gestellt hat: In Mt.19,27 lesen wir: "Da begann Petrus und sagte zu Jesus: *"Siehe, wir haben alles verlassen und sind dir nachgefolgt: Was bekommen wir dafür?"* ... Und Jesus gibt ihm die Anwort: *"Jeder, der Häuser oder Brüder oder Schwester oder Vater und Mutter oder Frau oder Kinder oder Äcker um meines Namens willen verlassen hat, der wird es vielfältig empfangen und das ewige Leben ererben!"* - Und dann kommt dieser merkwürdige Satz von den Ersten und den Letzten: Viele aber, welche (jetzt) Erste sind, werden Letzte sein, und viele, welche (jetzt) Letzte sind, Erste!"

Der Satz wirkt auf mich wie ein Achtungszeichen, wie ein erhobener Zeigefinger: Es muß klar sein: Niemand kann sich Gottes Liebe oder Zuwendung erkaufen oder gar erzwingen mit einer bestimmten Glaubens-oder Lebenshaltung oder mit besonderen Eigenschaften, oder einer besonderen Leistung, die jemand vielleicht vor anderen auszeichnen. - Dies mag unserem Stolz und unserem Ehrgeiz, oder dem Hang, dass wir uns gerne mit anderen vergleichen, nicht gerade entgegenkommen. Aber wir müssen schon akzeptieren, was Paul Gerhard (1653) singt:

> "Was sind wir doch, was haben wir, auf dieser ganzen Erd,
> Das uns, oh Vater nicht von Dir allein gegeben werd!" (EG 324,3)

So barmherzig ist die Barmherzigkeit Gottes, dass man sie, weil sie allen gleich gilt, als ungerecht empfinden kann! - "Ich will aber diesem Letzten so viel geben wie Dir! - Oder steht es mir nicht frei, mit dem, was mir gehört zu tun, was ich will? - Oder bist du neidisch, weil ich gütig bin? sagt der Weinbergsbesitzer im Gleichnis.- Wer anderen nicht auch gönnt, was er aus freien Stücken geschenkt bekommen hat, der kann ganz schnell vom Ersten, der er eben noch war, zum Letzten werden!

In diesen Rahmen ist unser Gleichnis von den Arbeitern im Weinberg eingespannt: "Letzte werden Erste sein und Erste werden Letzte sein!" Das will heißen: Alle, die sich Jesus anschließen, wie die Arbeiter im Weinberg an den dort genannten Hausvater, erhalten den gleichen Lohn und das heißt, *den ganzen Lohn* ganz gleich, ob sie früher oder später dazu kommen. Denn das Reich Gottes ist unteilbar!- Ewiges Leben und das vollkommene Glück lassen sich nicht in Portionen verteilen, je nach Verdienst des einzelnen! Auch der "letzte Mensch" ist von der Barmherzigkeit Gottes nicht ausgeschlossen! - Das ist die "barmherzige Ungerechtigkeit Gottes"! - Das ist die frohe Botschaft, das Evangelium in unserem Gleichnis von den Arbeitern im Weinberg, dass Gott sich nicht richtet nach unseren Maßstäben von Recht und Gerechtigkeit, sondern auch dem Letzten, der sich ihm anschließt, den vollen Lohn gibt, nämlich ewiges Leben und die Teilnahme an seiner Gottesherrschaft für deren Kommen wir mit jedem Vater Unser bitten: "Dein Reich komme!"

Ich schließe mit einem kurzen Ausschnitt aus einer Predigt von Martin Luther, in welchem er die Aussage unseres Gleichnisses zusammenfaßt. - Dort heißt es:

> "Kein Mensch ist so hoch, noch wird so hoch kommen, der nicht zu fürchten habe, er werde der Allerniedrigste. Wiederumb, niemand liegt so tief gefallen, dem nicht zu hoffen sei er möge der Höhest werden; weil hie alle Verdienst aufgehoben und allein Gottes Güte gepreiset wird... Damit, dass er spricht: Der Erste soll der Letzte sein, nimmt er dir alle Vermessenheit, und verbeut dir, dass du dich über keine Hure erhebest, wenn du gleich Abraham, David, Petrus oder Paulus wärest. Damit aber, dass er spricht: Der Letzte soll der erste sein, wehret er dir alle Verzweiflung, und verbeut

dir, dass du dich unter keinen Heiligen werfest, wenn du auch Pilatus, Herodes , Sodom und Gomorra wärest." (Luther in einer Predigt z. Stelle --> Kirchenpostille E.A. 11, 89 f., s. Lit.)

Amen.

Literatur:

Denar: Römische Silbermünze zur Zeit Jesu. Er war die "Leitwährung" im röm. Wirtschaftsraum. 1/2 bis 1 Denar entspricht dem Tagelohn eines einfachen (Land-) Arbeiters. Enige Beispiele für die Kaufkraft: 1/2 Denar = 1l Wein oder 1Kg Rindfleisch oder 1 Scheffel (8,73l) Getreide. - siehe: Internet: Wikipedia, Bibel Lexikon Wiki

Luther in einer Predigt über Mt. 20, 1-16, Kirchenpostille, E.A. 11, 89 f.
Abgedruckt in: Georg Eichholz, Herr tue meine Lippen auf, 6.Aufl. 1962
Emil Müller Verlag, Wuppertal-Barmen Bd.1, S.82

In Ängsten geborgen

Predigt in Herbolzheim (Kirchenbezirk Emmendingen), am 02.02.2003

4. Sonntag nach Epiphanias

Markus 4, 35-41

(35) "Und an demselben Tage des Abends sprach er zu ihnen: Lasst uns hinüberfahren. (36) Und sie ließen das Volk gehen und nahmen ihn mit, wie er im Schiff war, und es waren noch andere Schiffe bei ihm. (37) Und es erhob sich ein großer Windwirbel, und die Wellen schlugen in das Schiff, so dass das Schiff schon voll ward. (38) Und er war hinten auf dem Schiff und schlief auf dem Kissen. Und sie weckten ihn auf und sprachen zu ihm: Meister, fragst du nichts danach, dass wir verderben? (39) Und er stand auf und bedrohte den Wind und sprach zu dem Meer: Schweig und verstumme! Und der Wind legte sich , und es ward eine große Stille. (40) Und er sprach zu ihnen: Wie seid ihr so furchtsam? Wie habt ihr denn so keinen Glauben? (41) Und sie fürchteten sich sehr und sprachen

untereinander: Wer ist der? Selbst Wind und Meer sind ihm gehorsam."

Liebe Gemeinde,
Diese Wundererzählung von der Errettung im Seesturm geht mir zumindest auf den ersten Blick zu glatt. Ist das so, in unserer konkreten Welt, in der wir leben: Du brauchst nur ernsthaft Christ zu sein, Du brauchst nur in die Nachfolge Jesu zu treten, ihn in der Not um Hilfe zu bitten, dann werden alle deine Probleme und Schwierigkeiten gelöst! ?

Wie viele sind in den Bombenkellern des zweiten Weltkriegs - obwohl sie überzeugte Christen waren, elend umgekommen und verbrannt, wieviele waren es in Stalingrad? Vor wenigen Tagen hat sich zum 58. Mal die Befreiung des KZs Auschwitz gejährt. Wieviele waren es dort? - Ich höre die Klage der Theologin Dorothea Sölle: "Kann man nach Auschwitz noch singen: Lobe den Herren, der alles so herrlich regieret"? - Und wie ist es mit vielen andern Ängsten, mit denen Menschen und natürlich auch Christen sich herumschlagen müssen: Angst vor dem Verlust des Arbeitsplatzes, Angst vor dem Alter und dem Alleinsein, Angst vor Krankheit und Tod? - Angst vor einem neuen Krieg? Wer sich umsieht in unserer Welt und einigermaßen realistisch denkt, erkennt: Wir leben noch nicht in der erlösten Welt! Auch wenn wir uns zur Gemeinde Jesu Christi zählen, mit im Schiff sitzen, das sich Gemeinde nennt, wie wir vorhin gesungen haben, geht nicht alles nach unseren Wünschen und Plänen. Wir müssen das um der Ehrlichkeit willen sagen, und um keine falschen Erwartungen zu wecken! - Christsein heißt nicht, immer gesund zu sein, ein bequemes Leben führen zu können und Leid nur bei anderen zu erleben! - Der Satz: "Wenn du Christ bist, werden alle deine Probleme nach deinen Vorstellungen gelöst, ist falsch! Aber: "Wenn du Christ bist, dann bist du bei all deinen Problemen und Schwierigkeiten nicht mehr allein - du kannst sie nun aus einem anderen Blickwinkel sehen!" - Diesen Satz kann ich voll unterschreiben!

Unsere Geschichte von der Stillung des Sturms will uns diesen anderen Blickwinkel vermitteln: So märchenhaft schön und spannend uns die Geschichte erzählt wird, so ist doch alles ausgerichtet auf 2 Fragen:

1."Wer ist der, der Sturm und Welllen Einhalt gebietet?" und
2."Wie steht ihr zu ihm?"

Und die Antwort schließt bei Markus und den anderen Evangelisten immer das Wissen ein, dass Jesus der "Deus pro nobis" ist, der "Gott für uns", der für uns am Kreuz gestorben und dann auferstanden ist, damit wir über dieses Leben hinaus eine reale und umfassende Zukunft haben! Diese Feststellung sprengt bei weitem das Ereignis auf dem See Genezareth.

Wer also ist der, der Sturm und Wellen gebietet? - Niemand anders als der, der am Schilfmeer sein Volk aus den Händen ihrer Bedrücker und Verfolger gerettet hat, wie wir´s vorhin in der Schriftlesung gehört haben und wie wir´s im Eingangspsalm (Ps.66) miteinander gebetet und bekannt haben: Er verwandelte das Meer in trockenes Land. So konnten sie unbeschadet durch ein Gebiet gehen, das für andere den sicheren Tod bedeutete! - Kein Wunder, dass, als nach dem Sturm die Stille eintrat, von den Jüngern im Boot berichtet wird: "Und sie gerieten in große Furcht" ! Im griechischen Urtext heißt sie: "phobon Megan", das heißt: "Mega-Furcht" Und sie fürchteten sich mehr als im Sturm!

Das ist immer so, wenn jemand Gott begegnet! (vgl. Rudolf Otto, Das Heilige). "Weh mir, ich vergehe, denn ich bin ein sündiger Mensch!" ruft der Prophet Jesaja bei seiner Gottesbegegnung im Tempel von Jerusalem aus. (Jes.6). Wir wissen es vom fast ertrinkenden Petrus und vom Apostel Paulus, von Martin Luther und von vielen anderen.

Ich gestehe, dass ich ganz froh darüber bin, dass uns in unserer Erzählung auch noch der andere Jesus begegnet: Der Jesus, der übermüdet ist von seiner Arbeit, der Abstand gewinnen will von all den vielen Leuten und sich neu sammeln will, und darum seine Jünger bittet: Laßt uns ans jenseitige Ufer fahren! Und der dann hinten im Schiff einschläft und trotz Sturm und Wellen und dem ganzen Geheul und Geschaukel kaum mehr wachzukriegen ist. - Jesus, ein Mensch, wie wir und ein Gott zum anfassen! - Frag ich jetzt mit den Jüngern: "Wer ist der?", so kann ich nur antworten: "Jesus, der Christus! - wahrer Mensch und wahrer Gott!"

Und die Heilungswunder, und die Stillung des Sturmes? - In ihnen begegnet der lebendige Gott, in ihnen wird seine Kraft und Liebe erfahren! Allerdings sind sie nur Augenblicke, Momentaufnahmen der Gottesherrschaft in unserer Welt, nur Zeichen und gewissermaßen Hinweise auf das, was einmal sein wird: Kein Tod, kein Leid, kein Geschrei, keine Schmerzen, wie es in Offenbarung 21,4 heißt. - Das einzige, was Jesus von seinen Leuten verlangt ist, dass sie seiner Botschaft und Führung vertrauen! Das schließt ein, dass wir ihn mit unseren Anliegen bedrängen dürfen: Mit dem, was uns Angst macht und bedrückt; aber sicher ist er auch nicht abgeneigt, wenn wir ihm unsere Freude und Dankbarkeit zeigen. Und es ist absolut keine unmögliche Erwartung, dass wir auch in diesem Leben und in dieser Welt Zeichen seiner Liebe und Durchhilfe erfahren, vielleicht sogar solche, die unsere Mitmenschen als Wunder bezeichnen würden. Und wir dürfen sicher sein, dass er einlöst, was er versprochen hat: "Ich gebe ihnen das ewige Leben, und sie werden nimmermehr umkommen, und niemand wird sie aus meiner Hand reißen!" (Joh. 10, 28).

Zum Schluß noch ein paar Gedanken über das "Schiff, das sich Gemeinde nennt" und aus konkretem Anlaß: Wir haben einen Herrn - das haben wir dankbar festgestellt. Wir fragen: Was folgt daraus? Was ist mit denen, die mit ihm im Boot sitzen, die sich als Gerettete empfinden? - Ist das etwas, was jeder ganz individuell empfindet und ganz für sich abmachen muß? Oder bildet dieses *Gemeinschafts-erlebnis* auch einen *Gemeinschaftssinn*, der uns frei macht - aufeinander zu? Ist es so, dass das Erlebnis: ER hat den Sturm überwunden, er ganz allein, keiner von den andern, die mit im Boot sind, - ist es so, dass es die einzelnen zu einer Mannschaft, zu einer Crew zusammenschweißt? - Wie kann es dann sein, dass einige sich im Boot, in der Kirche, für wichtiger halten als die andern, wo sie wie alle andern die Rettung ganz allein IHM verdanken, der gesagt hat: "Ein neu Gebot gebe ich euch, dass ihr euch untereinander liebt" und gelten laßt? - Dass ihr andere akzeptiert wie sie nun einmal sind, mit ihren großen und kleinen Gaben - mit ihrem So oder Anders-Sein?

Mir geht es wie Martin Luther King, der nach dem Busstreik von Montgomery in seiner berühmten Rede ausrief: "I have a dream", dass Schwarze und Weiße miteinander leben und Gott miteinander danken! - Ja! Ich habe auch diesen Traum, dass wenigstens die, die erkannt haben, dass sie ihr Leben - und ihr Überleben - allein der Hilfe und Barmherzigkeit Gottes verdanken - dass Leute im Raum der Kirche oder auch außerhalb, unter dem Aspekt der Rettung, eins sind im Lobe Gottes und in der Dankbarkeit gegenüber ihrem Herrn!

Was bedeutet es demgegenüber, ob einer Mann oder Frau ist, Professor oder Putzfrau, Bischof oder Kirchendiener, schwarz oder weiß oder gelb -- oder irgend etwas dazwischen?

Wir feiern ja heute den 4. Sonntag nach Epiphanias. Wir erinnern uns also nocheinmal vom Kirchenjahr her an Epiphanias das Weihnachtsfest der alten Kirche, das bei uns auf dem 6. Januar liegt: Von dorther hören die Botschaft: "Also hat Gott die Welt geliebt, dass *alle*, die an ihn glauben, nicht verloren werden, sondern das ewige Leben haben!" ALLE, die an ihn glauben heißt es: Nicht nur die Weißen, auch nicht nur die Farbigen (ich habe nichts dagegen, dass "black beautiful" ist!), - nicht nur die Begabten und die Gescheiten, oder die, die sich dafür halten - nein! - alle, die an ihn glauben! - Und so ist für mich das Wunder der Rettung auf dem See Genezareth nur ein anderes Bild für das Wunder der Rettung am Kreuz von Golgatha. Entweder nehmen die Christen das ernst, oder sie können ihr Christentum den Hasen geben!

Bleiben wir beim Bild vom Schiff. Ein Schiff oder Boot muß Planken haben, eine bestimmte Form und Bauart, sonst ist es nicht seetüchtig! Auch die Kirche braucht Planken und Strukturen und eine gewisse Organisationsform, sonst kann sie ihren Aufgaben nicht gerecht werden! Dabei sollte sie nicht einengen. Im Gegenteil! Der Fantasie sind keine Grenzen gesetzt, wenn es darum geht, den Menschen zu bezeugen, dass Gott sie liebt, und dass von seiner Liebe niemand ausgenommen ist! Zum Beispiel auch nicht die Menschen in den USA - und auch nicht die Menschen im Irak. Wir müssen zwar zur Kenntnis nehmen, dass es das Böse gibt, und sicher auch Menschen, die es tun. Aber von einer "Achse des Bösen" zu reden und die Menschen ganzer Völker pauschal unter dieses Verdikt zu stellen, ist mir vom Evangelium her verwehrt!

So können wir nur tun, was die Jünger und Freunde des Jesus von Nazareth getan haben: Wir können zu ihm hintreten und ihn bitten: Wehre DU - um Gottes Willen! - den Stürmen unserer Zeit, den Stürmen in unserem ganz persönlichen Leben, die uns in Angst und Bedrängnis bringen - wehre DU den Stürmen von Haß, Feindschaft und Krieg in der Welt, die die Menschen, die DU doch liebst, und ganze Völker ins Elend stürzen! Wir glauben, dass DU es tun kannst und willst, - Herr, hilf unserem Unglauben!

Amen.

Ein Volk unterwegs

Predigt in Freiamt-Reichenbach und Brettental (bei Emmendingen) am 05.05.2002
Rogate / Weltmissionstag 2002
2. Mose 32, 7-14

Liebe Gemeinde,
Die Zeitungen sind immer noch voll von dem entsetzlichen Ereignis, das sich am Freitag vor einer Woche, am Gutenberggymnasium in Erfurt zugetragen hat. Der junge Mann muß ja tatsächlich von allen guten Geistern verlassen gewesen sein, sonst hätte er wegen eines vermasselten Abiturs nicht einen solchen Haß entwickelt und 16 Menschen und am Ende sich selbst in den Tod geschickt! - Überall Ratlosigkeit! Wie konnte das passieren? - Was können wir tun, dass sich Gleiches oder Ähnliches nicht wiederholt? Verschärfte Waffengesetze? - Schärfere Kontrollen? - Sie mögen solche Wahnsinnstaten erschweren, aber sie können sie nicht mit absoluter Sicherheit verhindern!

Ich denke, die Ursachen liegen eher in den Leitbildern unserer Gesellschaft. Überall wird den Leuten vorgemacht: Du bist nur etwas wert, wenn du "in" bist, wenn du Erfolg hast, wenn du im Trend liegst, wenn du etwas vorzeigen kannst! Um das zu erreichen, wird in unseren Tagen nicht nur hart gearbeitet - es wird auch getrickst, gelogen und betrogen, was das Zeug hält, bis hinein in die Führungsgremien in Politik und Wirtschaft. Selbstverwirklichung um jeden Preis! scheint mir das neue Motto, der neue Gott für viele - das "Goldene Kalb" unserer Tage! Wer trotz beruflicher Qualifikation und beruflicher Möglichkeiten zuhause bleibt und sich um seinen Haushalt und die Kinder kümmert, wird häufig von anderen mitleidig belächelt!

Mir scheint dass uns über unserem Wohlstand die Maßstäbe abhanden gekommen sind! - Junge Leute kennen vielfach die letzten Modetrends und die Ränge der Hitlisten, aber nicht mehr die 10 Gebote! Und man kann *ihnen* doch am wenigsten die Schuld dafür in die Schuhe schieben! Woher sollen sie es denn wissen, wenn wir es ihnen nicht sagen und beibringen - und vorleben?

Wir dürfen sie nicht allein lassen: Schon gar nicht, wenn sie Kränkungen erfahren haben, die sie womöglich dann am Sinn ihres Lebens zweifeln lassen. Und wir können und dürfen sie begleiten, selbstverständlich mit unseren ganz realen Möglichkeiten, aber auch: indem wir mit unserem Gebet vor Gott für sie einstehen!

Der Predigttext für den heutigen Sonntag Rogate soll uns das beispielhaft am Volk Israel verdeutlichen. Hören wir also auf dem Hintergrund des bisher Gesagten die Bibel in 2.Mose 32 Vers 7-14:

(7) " Da sprach der HERR zu Mose: Geh, steig hinab! Denn dein Volk, das du aus dem Land Ägypten heraufgeführt hast, hat schändlich gehandelt.
(8) Sie sind schnell von dem Weg abgewichen, den ich ihnen geboten habe. Sie haben sich ein gegossenes Kalb gemacht, sind vor ihm niedergefallen, haben ihm geopfert und gesagt: Das sind deine Götter, Israel, die dich aus dem Land Ägypten heraufgeführt haben!..(9) Weiter sagte der HERR zu Mose: Ich habe dieses Volk gesehen, und siehe, es ist ein halsstarriges Volk. (10) Und nun laß mich, damit mein Zorn gegen sie entbrenne und ich sie vernichte, dich aber will ich zu einem großen Volk machen.
(11) Mose jedoch flehte den HERRN, seinen Gott, an und sagte: Wozu, o HERR, ent-brannte dein Zorn gegen dein Volk, das du mit großer Kraft und starker Hand aus dem Land Ägypten herausgeführt hast? (12) Wozu sollen die Ägypter sagen: In böser Ab-sicht hat er sie herausgeführt, um sie im Gebirge umzubringen und sie von der Fläche des Erdbodens zu vertilgen? Laß ab von der Glut deines Zornes und laß dich das Un-heil gereuen, [das du] über dein Volk [bringen willst]! (13) Denke an deine Knechte Abraham, Isaak und Israel, denen du bei dir selbst geschworen und denen du gesagt hast: Ich will eure Nachkommen [so] zahlreich machen wie die Sterne des Himmels, und dieses ganze Land, von dem ich gesagt habe: 'ich werde [es] euren Nachkommen geben, das werden sie für ewig in Besitz nehmen. (14) Da gereute den HERRN das Unheil, von dem er gesagt hatte, er werde es seinem Volk antun."

Dieser Bibeltext schildert nur einen kurzen, aber markanten Ausschnitt des Weges Gottes mit seinem Volk, und der ist bis heute nicht zu Ende. Sein Verständnis setzt viel voraus, aber drei Aspekte scheinen mir wichtig. Die wollen wir in den nächsten paar Minuten bedenken:

1. Brauchen wir Zeichen der Macht ?
2. Gott ist mit auf dem Wege (sein Bund mit Israel)
3. Der neue Bund und der daraus sich ergebende Auftrag

1. Brauchen wir Zeichen der Macht?

Vielleicht haben Sie am letzten Donnerstag Abend die Fernsehsendung mitverfolgt, die in einer Diskussion mit Jugendlichen in Stuttgart nocheinmal auf die Hintergründe der Bluttat von Erfurt einging. Jugendliche wurden gefragt: Habt ihr Waffen? - Wozu braucht ihr sie? - Neben großer Unsicherheit kam dabei heraus: Man kann damit zeigen, dass man nicht wehrlos ist, man kann sich damit Geltung verschaffen, vor anderen imponieren! - In vielen Fällen sind Zeichen der Macht die Kehrseite von Verlassenheit, Minderwertigkeitskomplexen und Ohnmacht!

Auch das Volk Israel fühlte sich damals in der Wüste, unten am Sinai alleingelassen und ohne rechte Führung. Mose, der sie bis dahin im Auftrag Gottes geführt hatte, ist weit weg von ihnen, oben auf dem Berg. - schon 40 Tage und Nächte! - Er hat gute Gründe für seine Abwesenheit: Er redet mit Gott, - er betet! - Man muß ihm das zugestehen! - Auch er braucht Weisung und Vergewisserung! Wie soll es weitergehen? Sie sind noch nicht am Ziel, noch nicht im "gelobten Land"! Und 40 Tage und Nächte sind eine lange Zeit! - Fragen kommen auf: Kommt er wieder? - Ist er tot? - ist etwa Gott tot? Müssen wir das Heft selber in die Hand nehmen? Unsicherheit macht sich breit. Wir brauchen ein Zeichen der Macht! Sie bedrängen den Priester, Aaron, Moses Bruder, den Moses bei ihnen zurückgelassen hatte: Mache uns einen Gott, einen zum anfassen, einen, wie ihn die anderen Völker haben um uns herum. Mach uns ein Stierbild, ein Sinnbild für Kraft und Fruchtbarkeit. Das wollen wir auf der weiteren Wanderung vor uns hertragen und sagen: Das ist unser Gott, der uns aus der Unterdrückung der Ägypter herausgeführt hat! - Und Aaron, der Priester, gibt ihnen nach und macht ein Symbol für Jahwe, das den unbegreifbaren Gott begreifbar machen soll. - Die Leute brauchen eben Bilder und Zeichen, mag er sich gedacht haben.

Was dabei herauskommt, nennt die Bibel verächtlich "Kalb", "goldenes Kalb" von Menschenhänden gemacht. Wie könnte es den Gott darstellen, der Himmel und Erde gemacht hat - ihn gar ersetzen? Wie könnten die "goldenen Kälber" unserer Tage, die Dinge also, von denen die Leute von heute mehr Sicherheit und

Lebensglück erwarten, den Gott ersetzen, der die Welt geschaffen hat und noch erhält?

2. Gott ist mit auf dem Weg (sein Bund mit Israel).

Mose weiß von dem, was da unten am Fuß des Berges Sinai geschieht noch nichts. Aber Gott weiß es, und er wird darüber zornig, und er hält es Mose vor: "Geh, steig hinab! Denn dein Volk, das du aus dem Land Ägypten heraufgeführt hast, hat schändlich gehandelt!" Die Anrede erstaunt! Denn war nicht Gott Moses Auftrag-geber? Hatte nicht er selbst die Befreiung erwirkt mit den Plagen beim Pharao und der Rettung vor den Ägyptern am Schilfmeer? - Und jetzt: Du Mose, du hast!... Es ist dein Volk! ... - Mose wird geradezu unberechtigt, ja bedrängend in die Pflicht genommen!

Du hast dich zu lange nicht um dein Volk gekümmert, und jetzt ist es verwildert und hat den Maßstab verloren und ist vom Weg abgekommen, den ich mit ihm vorhatte. Sie haben den Bund gebrochen, den ich mit ihnen geschlossen habe. Sie wollen nicht mehr. Sie sind ein Volk von Dickköpfen. Sie wollen alles nach ihren eigenen Vorstellungen regeln, Sie wollen mit dem Kopf durch die Wand!- Vergessen sind die Zusagen an Abraham: "Ich will dich zum großen Volk machen... und deinen Nachkommen das Land geben für alle Zeit! - Vergessen haben Sie ihr Jawort beim feierlichen Bundesschluß am Sinai: "Ich bin der Herr, dein Gott - du sollst keine anderen Götter neben mir haben! - Keine Bilder machen!...

Lesen Sie die 10 Gebote in diesem Zusammenhang in 2.Mose 20 wieder einmal nach!

Jetzt tanzen sie ums "goldene Kalb"!

Und nun laß mich, dass mein Zorn gegen sie entbrenne und ich sie vernichte. An ihrer Stelle will ich dich, Mose, zum großen Volk machen! - Aber hier zeigt sich wahre Führerschaft! - Ein Paradebeispiel, wie einer die Verantwortung für die ihm Anvertrauten wahrnimmt. Mose läßt sich nicht abspeisen! Er will auch nichts für sich herausschlagen. Er ringt mit Gott im Gebet für seine Leute: Er hält Gott sein Versprechen an Abraham, Isaak und Israel, der früher Jakob hieß, vor. Er packt Gott bei seiner Ehre!: Was werden die Ägypter von dir halten: Ein Gott, der seine Leute in böser Absicht aus Ägypten geführt hat, um sie im Gebirge zu vernichten?

Das Ergebnis von Moses´ zähem Ringen mit Gott macht uns Mut, im Gebet und in der Fürbitte ja nicht locker zu lassen! Gott läßt sich beim Wort nehmen. So heißt es am Ende: "Da gereute den Herrn das Unheil, von dem er gesagt hatte, er werde es seinem Volk antun!"

3.Der neue Bund und der sich daraus ergebende Auftrag

Die Geschichte des Gottesvolkes geht weiter, obwohl sie auch weiter den Bund gebrochen haben. Und immer noch gilt: "Da gereute es Gott !" Nicht, weil Mose sich für sie eingesetzt hätte. Der ist schon lange gestorben! - Jetzt heißt es nicht mehr: Geh Mose, steig vom Berg und sieh nach deinem Volk, sie brauchen dich! Jetzt ist Gott selber hinuntergestiegen und erbarmt sich seiner ganzen Menschheit! In Jesus Christus ist er unser Bruder geworden. Jetzt gilt ein neuer Bund, in den alle einbezogen sind, die Jesus nachfolgen und sich seiner Führung anvertrauen!

Menschen weichen weiter vom Weg ab und werden schuldig, aber vom Neuen Testament klingts herüber: "Mein Blut, für euch vergossen zur Vergebung euerer Sünden!" Und mit dem Apostel Paulus dürfen wir bekennen: "Wer will die Auserwählten Gottes beschuldigen? Christus ist hier, der gestorben ist, ja vielmehr, der auch auferweckt ist, welcher ist zur Rechten Gottes und vertritt uns." (Rö.8,34)

Brauchen wir Zeichen der Macht, wenn ER unser Wegbegleiter ist? Kann das nicht Sicherheit und Gelassenheit geben, auch auf mühsamen Wegstrecken? Von IHM aus ergeht ein weiteres "geh!" Es gilt uns, seiner Gemeinde: Geht ihr jetzt zu den anderen und erzählt ihnen die "Frohe Botschaft" dass Gott es gut mit uns meint! So lautet sein Auftrag an uns nach dem Evangelium des Matthäus im 28. Kapitel: "Gehet hin in alle Welt - macht zu Jüngern alle Völker - und taufet sie - und lehret sie halten alles, was ich euch befohlen habe!

Daraus begründet sich *Weltmission!* - Allein aus diesem Auftrag des Herrn, der will, "dass alle Menschen gerettet werden, und sie Erkenntnis der Wahrheit kommen!"

Es trifft sich gut, dass wir heute am Sonntag Rogate, wo es um die Fürbitte geht, zugleich den *Weltmissionstag* begehen. Über ihm und uns steht die Verheißung unseres Herrn: "Siehe, ich bin bei euch alle Tage bis ans Ende der Welt!"

Amen.

Erfüllte Zeit.

Predigt in Emmendingen (bei Freiburg i. Br.) (Pauluskirche), am 25.12. 2001

1.Weihnachtsfeiertag

(Galater 4,4-7)

> ***(4) Als aber die Zeit erfüllet ward, sandte Gott seinen Sohn, geboren von einem Weibe und unter das Gesetz getan, (5) auf dass er die , so unter dem Gesetz waren, erlöste, damit wir die Kindschaft empfingen. (6) Weil ihr denn Kinder seid, hat Gott gesandt den Geist seines Sohnes in unsere Herzen, der schreit: Abba, lieber Vater! (7) So bist du nicht mehr Knecht, sondern Kind; wenn aber Kind, dann auch Erbe durch Gott.***

Liebe Gemeinde,

" Und als die Engel gen Himmel fuhren, sprachen die Hirten untereinander: Lasset uns nun gehen gen Bethlehem und die Geschichte sehen, die dort geschehen ist!" So haben wir´s vorhin in der Schriftlesung gehört. Und weil dies das Thema von Weihnachten ist, wollen wir´s machen wie die Hirten vor 2000 Jahren und sehen, was dort geschehen ist! Wir wollen vordringen zum eigentlichen Grund, weshalb Leute in aller Welt Lichter anzünden, immergrüne Tannenbäume aufstellen und schmücken und sich gegenseitig beschenken, eben, weil sich dort Gott selber zum Geschenk gemacht hat in dem Kind in der Krippe, das später von sich gesagt hat: "Ich bin das Licht der Welt" - und: "Ich bin das Brot des Lebens", wer an mich glaubt, der wird leben, auch wenn er stirbt!"

Seltsam: "Bet-lächem", der Ort, wo der geboren ist, der das von sich gesagt hat, heißt auf deutsch: "Brot-Haus", also ein Ort, wo es Brot gibt und wo man nicht verhungern muß! Da ist Jesus geboren und sein Name ist Programm, Gottes Programm! Denn so sollte Maria, seine Mutter ihn nennen: "Jesus", auf deutsch: " Gott hilft" ! - Wenn wir in unseren Tagen in den Nachrichten von Bethlehem hören und dem überwiegend von christlichen Palästinensern bewohnten "Beit Jala" unterhalb der israelischen Siedlung "Gilo", hören wir ganz andere Töne! - Man wird sich hüten, gegenwärtig freiwillig - etwa als Tourist - diese Gegend zu bereisen, weil man unter Umständen sein Leben riskiert! Auf der einen Seite: Meist jugendliche palästinensische Steinewerfer und islamistische Selbstmordattentäter der "Hamas", "Al Aksa", und "Djihad"-Bewegung, auf der anderen Seite: Vergeltung durch israelische Panzer und Raketen! - Aber: "Recht muß doch Recht bleiben!" - Was soll man auch machen, als sich zu wehren gegen Gewalt und Unrecht auf der einen wie auf der anderen Seite? Es schmerzt, dass gerade zu Weihnachten, wo wir uns auf "Frohe Festtage", auf Freude, Ruhe und Besinnung einstellen wollen, die Zeitungen voll sind von Berichten über Gewalt und Gegengewalt - auch noch im sogenannten "Heiligen Land" ! Und dass wir darüberhinaus auch in unseren Tagen die Erfahrung von Krankheit und Schmerzen, Tod und Elend und massenhafter Vertreibung machen müssen, scheint nicht in unsere weihnachtliche Stimmung und zu unserer Sehnsucht nach Ruhe, Frieden und Geborgenheit zu passen! - Aber gerade da will uns die Weihnachtsbotschaft erreichen!

"Als die Zeit erfüllt war", - als das Maß für Gott voll war, -. da hielt er es in seinem Himmel nicht mehr aus, und er begab sich in dem ganz konkreten Menschen Jesus von Nazareth in unsere Welt und in die Dimension des Menschlichen, also in unsere menschlichen Verhältnisse, damit wir an ihm Gottes Liebe zu uns und unserer Welt menschenverständlich und begreifbar erfahren sollten.- "Als die Zeit erfüllt war", schreibt der Apostel Paulus, da sandte Gott seinen Sohn, geboren von einer Frau und unter das Gesetz getan! (V.4). - Wir kennen die Verhältnisse seiner Geburt aus der Weihnachtsgeschichte (Lk. 2): Mit einem Steuergesetz der römischen Besatzungsmacht fängt´s an. Weil jeder sich in seinem Herkunftsort mit seinem Besitz erfassen lassen mußte, zwecks späterer Abzocke, mußte auch Josef mit seiner hoch-schwangeren Frau nach Bethlehem.

Schon am ersten Tag seines Lebens macht Jesus dort die Erfahrung: In dieser Welt macht kaum einer dem andern freiwillig Platz.! Und wenig später schon ist er auf der Flucht: Als nämlich der König Herodes von den Sterndeutern von dem "neugeborenen König" erfährt, hat er Angst um seine Macht. Und wenn Machthaber Angst haben, haben die Machtlosen nichts zu lachen! Daran hat sich bis heute nichts geändert! Und dann als Mann: Von der eigenen Familie nicht verstanden, von den besten Freunden im Stich gelassen als es brenzlig wurde, verhaftet, von bestochenen Zeugen belastet, von einem unter Druck gesetzten Richter verurteilt, von den Wachsoldaten angespuckt, geschlagen, verspottet, mit zwei anderen ans Kreuz gehängt und unter Qualen gestorben! - Das sind Stationen auf dem Lebensweg des

Krippenkindes von Bethlehem in unserer Welt! Gerade nicht: "Jesus Christ, Superstar", sondern ganz einer von uns, der auch den Letzten versteht! - Jesus, " von einer Frau geboren und unter das Gesetz getan!" - als Jude auch unter das religiöse Gesetz der Juden! Das Gesetz vom Sinai: Leitplanken für das religiöse Leben und das soziale Miteinander. "Gott lieben und den Nächsten!" Und dann die Verschärfung und Zuspitzung bei Jesus: "Ihr habt gehört, dass gesagt ist: Du sollst deinen Nächsten lieben und deinen Feind hassen. Ich aber sage euch: Liebet euere Feinde, segnet, die euch fluchen; tut wohl denen, die euch hassen, bittet für die, die euch beleidigen und verfolgen, damit ihr Kinder seid eueres Vaters im Himmel!"

Terroristen also Gutes tun? Für sie beten und für die, die mir an den Kragen wollen? - statt Bomben und Gegengewalt? - Jesus hat´s getan!: "Vater vergib ihnen!" In den Trauergottesdiensten nach den Anschlägen vom 11. September ist´s auch angeklungen. - Wie denken wir darüber? - Ich fürchte, wenn solches Denken und Verhalten die Bedingung dafür ist, dass wir Kinder Gottes sind und Erben seines Reiches, haben wir alle keine Chance! - Es ist eine banale Verniedlichung und eine blanke Lüge, wenn uns jener Fastnachtsschlager weismachen will: "Wir kommen alle, alle, alle in den Himmel, weil wir so brav sind!" Wenig Hoffnung für mich und die Welt! - Mit faulem Zauber und frechen Sprüchen ist mir und der Welt nicht geholfen!

Aber woher kommt mir Hilfe? - "Meine Hilfe kommt von Gott, der Himmel und Erde gemacht hat!" haben wir schon im Eingangsspruch unseres Gottesdienstes bekannt. Nur weil Gott es hat Weihnachten werden lassen, und das Kind in der Krippe den Weg des Gehorsams gegenüber dem Gesetz gegangen ist, - stellvertretend für uns- bis zum Kreuz von Golgatha, und weil Gott sich zu seinem Weg der bedingungslosen Liebe bekannt hat und ihn bestätigt hat durch seine Auferweckung von den Toten,- nur darum ist der Himmel für uns wieder offen und das Verhältnis zu Gott wieder in Ordnung! Jetzt gibt es nichts Trennendes mehr, und nichts kann uns mehr scheiden von der Liebe Gottes, die in Christus Jesus ist. unserem Herrn, sagt der Apostel Paulus im 8. Kapitel seines Römer-Briefes! - Wenn das so ist, dürfte uns eigentlich nichts mehr Angst machen, weder die Weltprobleme noch die Probleme in unserem eigenen Leben. - Nun sagen manche Leute, wenn sie etwas für die totale Illusion halten: Wer´s glaubt, wird selig! - Es ist aber tatsächlich so: Wer´s glaubt, wird selig!

Man kann damit allerdings seine Probleme haben. Die Christen in den Gemeinden von Galatien haben sie offensichtlich gehabt! Missionare hatten ihnen gesagt: An Christus glauben, das ist in Ordnung, tun wir auch, aber das allein genügt nicht. Man muß darüber hinaus noch bestimmte religiöse Formen einhalten, religiöse Gesetze befolgen in einem engen, fundamentalistischen Sinne. Das ist aber nach übereinstimmender Aussage des Neuen Testaments nicht nur falsch, sondern kann auch in fürchterlichster Weise mißbraucht werden! Wir erleben ja gerade wieder, wozu Menschen in der Lage sind, wenn man ihnen das Paradies verspricht! Sie müssen dafür nur bestimmte Dinge tun, angeblich für Gott, angeblich für eine gute Sache! - Wie aber vertragen sich Attentate, Anschläge, Überfälle - angeblich für eine gute Sache! - mit dem Geist Jesu Christi?

Die Erlösungstat Jesu Christi bedarf keinerlei Zusätze! schärft Paulus den Galatern ein. Übt euch darin, euer Leben nach dem auszurichten, was er will! - "Solus Christus! - Allein Christus!" haben die Reformatoren gesagt. Ihr könnt euch auf ihn verlassen! Laßt euch nicht festnageln auf Fehler von gestern und auf vergangene Schuld - und laßt euch schon gar nicht mit Schuldgefühlen und leeren Versprechungen von irgendwelchen Drahtziehern mißbrauchen! "Zur Freiheit hat euch Christus befreit!" Laßt euch nicht wieder versklaven unter das Joch des Gesetzes, fordert der Apostel." Zur Freiheit hat euch Christus befreit! - Nun lebt auch in der Freiheit! "(Gal.5,1). Darum dürfen wir fröhlich singen:

" O du fröhliche, o, du selige, gnadenbringende Weihnachtszeit
Christ ist erschienen, uns zu versühnen,
Freue dich, o Christenheit !" (EG 44)

Daran ändern auch die Nachrichten nichts, die wir vielleicht schon heute Abend wieder im Fernsehen oder in den Zeitungen nach den Feiertagen serviert bekommen! ...Die Folgen vom 11. September werden uns wahrscheinlich noch lange beschäftigen. Es wird sicher weiter terrorisiert, gebombt, gelitten und gestorben. Aber seit Weihnachten wissen wir, dass dieser Zustand nicht ewig so bleiben wird! - Mit Jesus ist uns ein starkes Zeichen gesetzt, dass Gott es gut mit uns meint. Und zu seiner Zeit wird er abwischen alle Tränen, und der Tod wird nicht mehr sein, noch Leid noch Geschrei noch Schmerz wird mehr sein!" (Offenbarung Joh.21,4). Bürger dieses kommenden Gottesreiches zu sein, das hat Jesus uns zuge-sichert. Erben zu sein dieser von Gott wieder in Ordnung gebrachten Welt, das ist das Testament, das Jesus uns vermacht und hinterlassen hat. - Dafür ist er gestor-ben, das ist "das Neue Testament in seinem Blut"! Jetzt ist auch der ferne, für uns so manches Mal so unbegreifliche Gott, ganz in die Nähe gerückt, "Wer mich sieht, sieht den, der mich gesandt hat!" sagt Jesus" (Joh. 12,45). Mit Jesus wird klar: Auch wenn wir vieles nicht verstehen, was geschieht in unserer Welt und auch in unserem eigenen Leben, so ist Gott doch wie eine gute Mutter (Jes.66,13) oder ein rechter Vater zu uns. Ja, mit dem Kind in der Krippe dürfen wir zu diesem Gott "Abba", das heißt "lieber Vater", sagen, oder ihn ansprechen wie wir´s nachher wieder gemeinsam tun wollen: " Vater unser im Himmel...!" Bitten dürfen wir auch um den Geist Jesu Christi. Und der macht den Weg frei zu Gott und zu den Menschen! Ihnen laßt uns die Liebe Gottes bezeugen und dazu beitragen, dass das Leid in der Welt verringert wird. Im Namen Jesu Christi, der mit uns geht: heute und morgen und in Ewigkeit!

Amen.

Was wir zu erwarten haben

Predigt in Emmendingen, (bei Freiburg, i.Br.), am 04.06.2000 (Pauluskirche)

Exaudi

Jeremia 31, 31 - 34

> ***(31) "Siehe, es kommt die Zeit, spricht der HERR, da will ich mit dem Hause Israel und mit dem Hause Juda einen neuen Bund schließen, (32) nicht wie der Bund gewesen ist, den ich mit ihren Vätern schloß, als ich sie bei der Hand nahm, um sie aus Ägyptenland zu führen, ein Bund, den sie nicht gehalten haben, ob ich gleich ihr Herr war, spricht der HERR; (33) sondern das soll der Bund sein, den ich mit dem Hause Israel schließen will nach dieser Zeit, spricht der HERR: Ich will mein Gesetz in ihr Herz geben und in ihren Sinn schreiben, und sie sollen mein Volk sein, und ich will ihr Gott sein. (34) Und es wird keiner den andern noch ein Bruder den andern***

lehren und sagen: "Erkenne den HERRN", sondern sie sollen mich alle erkennen, beide, klein und groß, spricht der HERR; denn ich will ihnen ihre Missetat vergeben und ihrer Sünde nimmermehr gedenken.

Liebe Gemeinde,
Es hat mich zunächst überrascht, dass der Text für den heutigen Sonntag *in einer anderen Predigtreihe der vorgegebene Text für den 1. Advent* ist. Der Advent ist ja geprägt von der frohen Erwartung des Heils in Jesus Christus. "*Das ewig Licht geht da herein, bringt der Welt einen neuen Schein!"* haben wir damals gesungen. Mit dem Himmelfahrtstag, den wir vor drei Tagen gefeiert haben, hat sich Jesus aber wieder von seinen Jüngern und von der Erde verabschiedet. Wir haben ihn nicht mehr greif-bar unter uns, so wie einst die Jünger. - Kein Jesus mehr zum Anfassen!- Trotzdem heute ein adventlicher Text? - Was haben die Menschen, die Jesus nachfolgen, jetzt zu erwarten? - Nach seiner "Himmelfahrt" so viel: dass er heimgekehrt ist zu Gott und dass er uns dort vertritt mit *"unaussprechlichem Seufzen"*, das heißt nicht weniger als dass er seit seinem Weggang Gott in den Ohren liegt mit unseren Problemen und Anliegen und wir in ihm einen Fürsprecher bei Gott haben, einen, der uns beisteht und sich für uns einsetzt. *Jetzt können wir zu ihm rufen: "Exaudi !"* Höre mich Herr, wenn ich rufe! und wir haben seine Zusicherung, dass er uns erhören will. Dazu gibt er uns den Hg. Geist, der uns in alle Wahrheit leiten will. Aber der Advent des Heiligen Geistes und sein Kommen ist ja dann das Thema von Pfingsten. - Wir sind also auch vor Pfingsten adventliche, d.h. wartende Gemeinde, wenngleich unser Predigttext nicht direkt mit Pfinsten zu tun hat, sondern mit dem Bund, den Gott mit seinem Volk geschlossen hat. - Unsere Frage lautet: Was dürfen wir von Gott und seinem Bund mit uns erwarten? - Und die Antwort nehmen wir schon mal vorweg: Sie heißt: Gott steht zu seinem Bund. Er ist absolut Verläßlich! - Daran ändert nichts die Schuld und dieTreulosigkeit der Menschen und auch nicht die Unberechenbarkeit und der Druck der Verhältnisse: Es ist schon so, wie wir gesungen haben:

"All Morgen ist ganz frisch und neu / des Herren Gnad´ und große Treu.
Sie hat kein End´den langen Tag, / drauf jeder sich verlassen mag!" (EG 440)

Einen neuen Bund Gottes hat der Prophet Jeremia angekündigt, der nicht mehr nur dem Volk Israel gelten soll, sondern allen Menschen: "Ich will einen neuen Bund schließen - ich will mein Gesetz in ihr Herz schreiben - "keiner wird den andern lehren, sondern alle sollen mich erkennen" und: "Ich will ihnen ihre Missetat vergeben und ihrer Sünde nimmermehr gedenken!"

Diesen neuen Bund hat Jeremia nicht mehr erlebt. Aber er hat ihn angekündigt- und er hat ihn auf Geheiß Gottes mit anderen Heilstaten Gottes an seinem Volk in ein Buch geschrieben, das wir in Jeremia 30 bis 31 noch vorliegen haben. Es ist gewissermaßen eine Dokumentation der Treue Gottes über das Leben und Erleben seines Autors hinaus!

Jeremia lebte in einer schlimmen Zeit. Längst hatten sich die Stämme Israels zerstritten und auseinanderlebt. Schon kurz nach der Regierungszeit des Salomo waren sie in ein Nordreich mit Namen "Israel" und in ein Südreich mit Namen "Juda" zerfallen und oft genug standen sie sich auch feindlich gegenüber. Vom Geist des Bundesschlusses am Sinai war nicht mehr viel zu spüren: "Ihr sollt mein Volk sein - und ich will euer Gott sein!" hatte es damals geheißen! - Aber nun fragten sie nicht mehr so sehr nach dem, was Gottes Wille war als nach dem, was ihnen momentan gerade als politisch sinnvoll erschien. Bald gerieten sie in die Mühlsteine der damaligen Großmächte - und schließlich war im Jahre 722 v. Chr. das Nordreich (Israel) zerschlagen und seine Bewohner von den Assyrern nach Ninive verschleppt. Nicht ganz 150 Jahre später erlitt das Südreich (Juda) das gleiche Schicksal unter dem Babylonierkönig Nebukadnezar und der Deportation nach Babylon. - Was ist mit der Zusage vom Sinai: "Ihr sollt mein Volk sein - und ich will euer Gott sein?" Alles Schnee von gestern? - Aus - vergessen - vorbei? In diese Zeit fällt die Vision des Jeremia, aus der unser Predigttext stammt. Und seine Botschaft ist: Euer Gott hat euch nicht vergessen! Er steht zu seinem Bund - obwohl ihr ihn von Euerer Seite nicht gehalten habt! - In 70 Jahren werdet ihr wieder daheim sein!

Der Prophet Jeremia war längst gestorben, da ist es eingetroffen: Der Perserkönig Kyros besiegt die Babylonier und der "Heide" Kyros, so möchte man sagen, gibt dem Rest des verschleppten Gottesvolkes die Freiheit, nach Hause zu gehen. Die Bibel läßt Gott als von seinem "Knecht Kyros" reden!

Und die Treue Gottes geht weiter mit seinem Volk durch die Jahrhunderte! Sie geht mit in der Vertreibung durch die Römer - Sie geht mit durch die Pogrome des

Mittelalters und der Neuzeit. - Und sie geht mit durch den Holocaust Hitlers. - Und *wir* sind Zeugen eines schier unglaublichen Geschehens: *Es gibt wieder einen Staat Israel* - im verheißenen Land! - Man kann seine "Wenns" und "Abers" vorbringen. Es kommt in der Sache nicht darauf an. Mögen die Israelis ihre Schwierigkeiten haben im heutigen Staat Israel. - Tatsache ist: Das totgeglaubte Israel existiert - mit oder ohne unsere Zustimmung! - und sie sprechen die Sprache des Alten Testaments, angereichert durch die neuen Begriffe!

Ein Gottesbeweis ? - Sicher nicht! Aber ein Hinweis auf Gott ist es nach meiner Meinung allemal!

Und Gottes Treue geht weiter! - Jeremia hatte den "Neuen Bund" angesagt. Aber die Rede vom "Neuen Bund" verweist nocheinmal auf den "Alten Bund". Was ist so schlecht am Alten Bund, dass es eines Neuen Bundes bedarf? War nicht der alte Sinai-Bund mit seinen 10 Geboten ein Akt der Liebe Gottes? "Du sollst nicht!" ..., besser nachzuvollziehen ist es, wenn wir stattdessen sagen: "Es ist nicht gut für dich", - Es ist nicht gut für dich, - andere Götter neben mir zu haben! - zu morden - die Ehe zu brechen - zu stehlen - zu verleumden und zu mobben - zu begehren, was anderen gehört!"

Ich denke, solche Forderungen sind plausibel und für jeden einsehbar! - Nicht auszudenken, wo eine Gesellschaft landet, wo es das nicht mehr gibt, oder nicht mehr ernst genommen wird! Es sind ja keine Forderungen, die Menschen gängeln und einengen wollen, sondern sie sind Wegweiser und Leitlinien, die uns voreinander schützen sollen! - Auch Jesus hat sie nicht abgeschafft, sondern weist immer wieder auf ihre Gültigkeit hin! So sagt er zum Beispiel einem jungen Mann auf die Frage, wie er das ewige Leben gewinnen könne: "Halte die Gebote!" (Mt.19,17ff.). Oder er verweist auf das Doppelgebot aus 3.Mose 17: "Du sollst Gott lieben und deinen Nächsten!" - Aber was ist das: Liebe? Um es ganz zu ahnen, müssen wir erst bei Jesus in die Schule gehen!

Der Bund vom Sinai also: Ein einleuchtender Vertrag, aber von der menschlichen Seite nicht letzlich einzuhalten. Selbst der Apostel Paulus klagt: "Ich elender Mensch, wer errettet mich von dem Leibe dieses Todes? - Gewollt habe ich das Gute wohl, - aber ich kanns nicht tun!" (Rö.7,18) - Also brauchen wir Hilfe. Wir brauchen die Möglichkeit, dass uns Schuld und schuldhaftes Verhalten vergeben wird. Wir brauchen die Möglichkeit, Altes vergessen zu machen, - auszulöschen.

Wir brauchen die Möglichkeit, neu anfangen zu dürfen.

Das wird in allen Religionen empfunden. Immer geht es darum, die Gottheit zu versöhnen, mit ihr und mit sich selbst ins Reine zu kommen, damit man wieder aufatmen kann und die Fröhlichkeit und die Zuversicht zurückkehrt. - Die Menschen ließen sich dazu eine Menge einfallen! Mit mancherlei Riten bis hin zur Opferung von Menschen und dann stellvertretend zur Opferung von Tieren, versuchte man die Gottheit für sich gut zu stimmen. - So opferte "im alten Bund", zur Zeit des Tempels in Jerusalem der Hohepriester jedes Jahr beim großen Versöhnungstag den *Sündenbock,* auf den die Sünden des ganzen Volkes abgeladen wurden. Und die Muslime opfern bis heute jedes Jahr am Bayramfest (türk.kurban bayrami / arab.:id al adha) ein Opfertier, meist ein Schaf, zur Erinnerung daran, dass Abraham anstelle seines Sohnes *Ismael,* Gott einen Widder geopfert hatte.(*Anm.*).

Und was tut Gott? - Seine Treue geht weiter! Er schließt einen neuen Bund, der all diese Bemühungen der Menschen ein für allemal überholt und hinfällig macht. In Jesus Christus wird er Mensch und unser Bruder und nimmt durch sein Leiden und Sterben all unsere Schuld und Missetat auf sich und tilgt sie für alle Zeiten! - Das ist die Hauptsache des neuen Bundes, heißt es im 7.Kapitel des Hebräerbriefes.- Wir wollen uns heute morgen darauf beschränken! - Und im 8.Kapitel des Hebräebriefes finden wir unseren Text aus Jeremia 31 wortwörtlich wieder, nun in den Zusammenhang gestellt mit dem Dienst des Hohenpriesters aus dem Alten Bund. Dort ist zu lesen: Jesus Christus hat sich als unser Hoherpriester - *ein für allemal!* - für uns geopfert, und die Sünden der ganzen Welt auf sich genommen! - Das führt uns nocheinmal zum Anfang, zu *Himmelfahrt* zurück: Jetzt ist er der erhöhte Herr und zugleich immer noch unser Bruder, der uns vertritt und uns beisteht, wo unsere Sünden uns vor Gott verklagen wollen!

Wie können wir dessen sicher sein? - Jedesmal, wenn wir das Abendmahl miteinander feiern, werden uns die Worte zugesprochen: "Das ist mein Leib, für euch gegeben!" - Und: "Das ist der Kelch, der neue Bund in meinem Blut - zur Vergebung der Sünden!" - Das ist der neue Weg Gottes, und nach dem Neuen Testament ist er ausschließlich! - Jetzt gilt: "Es ist in keinem andern Heil, ist auch kein anderer Name den Menschen unter dem Himmel gegeben, darin sie sollen selig werden!" - Es ist der ausschließliche Ort des Heils - aber er schließt niemand aus! Jeder ist eingeladen, darauf zu vertrauen! Denn: Gott will, dass allen Menschen geholfen werde und sie zur Erkenntnis der Wahrheit kommen!" - Und über allen, die sich einladen lassen, steht ganz neu die Zusage: "Ich will euer Gott sein -- und ihr sollt mein Volk sein !

Amen.

Anmerkung:

Nach der jüdisch-christlichen Tradition soll *Isaak, der Sohn Saras* geopfert werden Der Koran ist nicht ganz eindeutig. Er nennt keine Namen, aber in der islamischen Tradition handelt es sich um *Ismael,* den Sohn von Saras Magd *Hagar,* der als Stammvater der Muslime gilt. Stellvertretend wird in beiden Traditionen ein *Widder* geopfert als Beleg dafür, dass Jahwe, bzw. Allah keine Menschenopfer will. (Vgl. AT, 1.Mose 22 und Koran, Sure 37, s. auch Christine Schirrmacher, der Islam 2, Hänssler Verlag 1994, S.167 ff.)
Stichworte für die Gesamtproblematik sind: Passah-Fest (Päsach); Auszug aus Ägypten; Jesus, das "Lamm Gottes" (vgl. Die Theologie des Johannes-Evangeliums, z.B Joh.1,29ff. und Abendmahlsliturgie: "Christe, du Lamm Gottes..."
(EG 03.2.)

In die Nachfolge Jesu berufen

Goldene u. Diamantene Konfirmation 1999

Predigt In der Peterskirche in Weinheim/ Bergstr. am 11.04.1999
Quasimodogeniti
Ev. Johannes 21,1-14

Liebe Gemeinde, vor allem liebe Jubelkonfirmandinnen und Jubelkonfirmanden,
liebe Konfirmandinnen und Konfirmanden,
liebe Schwestern und Brüder,

Fast auf den Tag genau vor 50 Jahren, nämlich am 10.April 1949 haben *wir von der Pauluspfarrei* hier in der Peterskirche in Weinheim unsere Konfirmation gefeiert. Und *Ihr von der Petruspfarrei* eine Woche früher oder später. Und Ihr lieben Diamantenen, Ihr seid ja nochmal 10 Jahre früher! - Dass wir heute dieses Jubiläum miteinander begehen dürfen, ist Anlaß zur Freude und zu Lob und Dank, wie auch zur Erinnerung und zur Besinnung auf das Kommende.

Was war das eigentlich für eine Zeit, damals, als wir konfirmiert wurden? 1939, war der 2. Weltkrieg ausgebrochen. Damals seid Ihr, die "Diamantenen" konfirmiert worden. Das Kirchenvolk war aufgespalten in die "Deutschen Christen" und die, die es mit der "Bekennenden Kirche" hielten. Hitler und seine Leute hatten im Zuge der "Arisierung" ein sogenanntes "positives Christentum" verkündet. Unter diesem vielversprechenden Etikett versuchten sie, die Evangelische Kirche zunächst für sich zu gewinnen, aber dann von innen her auszuhöhlen. Es sollte eine starke, deutsch-nationale Kirche sein, die von allem "Fremden, Ostischen und Jüdischen" gereinigt sein sollte! - An die Stelle des gekreuzigten Jesus sollte ein starker gewalttätiger germanischer Jesus treten, eben der mit der Peitsche in der Hand, der sich durchzusetzen und der Ordnung zu schaffen wußte. Alles lief darauf hinaus, das Klima und den geistigen Boden zu schaffen für das Unrecht und die Grausamkeiten, die das Terrorregime des "3.Reiches" zu seinem Programm gemacht hatte, und an dessen Folgen wir bis heute zu tragen haben. - Sich damals zur "Bekennenden Kirche" zu halten und zu einem Christentum alten Stils mit der vollen Botschaft des Alten und Neuen Testaments, war damals gefährlich und mit möglichen Nachteilen verbunden (Viele Pfarrer beider christlichen Konfessionen saßen damals in Hitlers Lagern!). In dieser Situation seid Ihr konfirmiert worden, habt Ihr Eueren Glauben öffentlich bekannt! Und Ihr habt weit mehr als wir "Goldenen" des Tages Last und Hitze jener Zeit mitzutragen gehabt! Damals war das schon ein Bekenntnis, wenn man sonntags-morgens statt zum "Dienst", wie das damals bei "Jungvolk" und "Hitlerjugend" hieß, in die Kirche zum Gottesdienst ging. - Ich kenne einen Fall aus meiner Verwandtschaft, wo das bis zur Androhung des Kzs führte gegen die Mutter, die ihren Sohn lieber in die Kirche schickte!

Als wir "Goldenen" konfirmiert wurden, war der Krieg schon 4 Jahre vorbei. Ein neuer Anfang war gemacht: Schon 1945 hatte der "Rat der Evangelischen Kirche in Deutschland" - zumeist ehemals führende Mitglieder der "Bekennenden Kirche" wie Hans Asmussen, Martin Niemöller, die Bischöfe Wurm und Meiser und andere - die "Stuttgarter Schulderklärung" formuliert und sich mit der Schuld der Deutschen als Volksgemeinschaft solidarisiert, obwohl ja die meisten von ihnen durch ihr Einstehen für ihren Glauben mit all den Konsequenzen, die sich daraus ergaben, Kopf und Kragen riskiert hatten: Jetzt hatten sie auf Anraten oder auch Bitten ihrer Freunde und Glaubensgeschwister aus den ausländischen Kirchen - vor allem der anglikanischen - in aller Öffentlichkeit erklärt:

> *"Wohl haben wir lange Jahre hindurch im Namen Jesu Christi gegen den Geist gekämpft, der im nationalsozialistischen Gewaltregiment seinen furchtbaren Ausdruck gefunden hat; aber wir klagen uns an, dass wir nicht mutiger bekannt, nicht treuer gebetet, nicht fröhlicher geglaubt und nicht brennender geliebt haben." Am Ende heißt es dann: "So bitten wir in einer Stunde, in der die ganze Welt einen neuen Anfang braucht: Veni, creator spiritus! - Komm Schöpfer Geist!"*

Darauf konnte man aufbauen! Es ist ja mehr als nur interessant, dass damals nach dem Krieg die ersten Auslandskontakte mit dem zerschlagenen Deutschland nicht über die offizielle Politik und die Staatsorgane erfolgten, sondern über die Kirchen und das Bewußtsein der Christen, dass sie unter dem einen Herrn zusammengehören, dass auf bekannte Schuld Vergebung folgen konnte und die neue gegenseitige Annahme! - Die Kirchen waren wieder voll damals, und der Hunger nach Speise, vor allem nach geistiger Speise und geistlicher Speise war enorm. Unter dem Eindruck, dass wir verraten und verkauft worden waren, sprach man von der "verratenen Generation". In Unterführungen und an vielen Häuserwänden stand: "Nie wieder Krieg!" - Heute bekriegen wir den Krieg! - Kann man den Frieden herbeibomben? Wir meinen es gut - unbestritten! - Wenn nur die unberechenbare Eigendynamik nicht wäre! - Goethe-Jahr!: Zauberlehrlingsstruktur!: "Die Geister, die ich rief, die werd´ ich nun nicht los!" - Wir werden bald wieder ein Schuldbekenntnis brauchen. Die Lage wird zunehmend unerträglich! - Was trägt, uns ? hilft uns? Befreit und erneuert uns und macht uns quasi wie die "neugeborenen Kinder?"- "Quasi modo geniti", wie der Name unseres heutigen Sonntags sagt? - In der alten Kirche haben die in der Osternacht getauften Erwachsenen am Sonntag "Quasimodogeniti" ihre weißen Taufkleider, (Daher „weißer Sonntag"!) wieder ausgezogen. Sie waren jetzt vollwertige Mitglieder ihrer Kirche und hatten als die gleichsam Neugeborenen, mit dem neuen Geist - eben als Christen - sich im Alltag zu bewähren.

Vor 50 oder 60 Jahren haben wir uns festmachen lassen im Glauben der Jünger und der alten Kirche. Nichts anderes heißt ja "Konfirmation"! Jesus Christus will der Grund sein, auf dem wir fortan stehen sollten. Einen anderen Grund, sagt der Apostel Paulus, kann niemand legen! (1.Kor.3,11). Von unserer Taufe klingts zu uns herüber: "Fürchte dich nicht, ich habe dich erlöst, ich habe dich bei deinem Namen gerufen, du bist mein (Jes. 43). Und vom Neuen Testament her wir es uns bestätigt: "Was du nicht trägst, das trage ich. An deiner Stelle trat ich vor Gott! Ich trage die Rätsel des Chaos. Ich trage die Rätsel der Geschichte! Ich trage dich, der du dir selber ein Rät-sel bist. Ich trage deine Sünde zum Kreuz nach Golgatha. Ich habe dich zum Träger meines Namens gemacht. du bist frei, unendlich wertvoll und einmalig. Der Morgen gehört dir! - Mein Ostermorgen !" (Zitat Präses Peter Beyer bei der Wiedereröffnung des Berliner Doms). - Aber, das ist lange her. (Viel Wasser ist inzwischen den Rhein und die Weschnitz hinuntergeflossen!)

Ist unser Bekenntnis von damals noch gültig? Steh´n wir noch dazu? Fünfzig oder gar sechzig Jahre sind eine lange Zeit im Leben eines Menschen. Da kann einer schon seine Erfahrungen machen. Waren es solche Erfahrungen, dass ER uns begleitet durch unser Leben in guten und in schlechten Zeiten? Haben wir uns dem anvertraut, ihn einbezogen in unsere Entscheidungen und in unsere Lebensplanung? Unser Predigttext für den heutigen Sonntag will uns Mut machen, dem Auferstandenen und seinem Wort neu zu vertrauen. - Aus Joh.21,1-14 hören wir:

(1) "Danach offenbarte sich Jesus abermals den Jüngern am See Tiberias. Er offenbarte sich aber so: (2) Es waren beieinander Simon Petrus und Thomas, der da heißt Zwilling, und Nathanael von Kana in Galiläa und die Söhne des Zebedäus und andere zwei seiner Jünger. (3) Spricht Simon Petrus zu ihnen: Ich will fischen gehen. Sie sprechen zu ihm: So wollen wir mit dir gehen. Sie gingen hinaus und traten in das Schiff, und in derselben Nacht fingen sie nichts. (4) Als es aber schon Morgen wurde, stand Jesus am Ufer, aber die Jünger wußten nicht, dass es Jesus war. (5) Spricht Jesus zu ihnen: Kinder, habt ihr nichts zu essen? Sie antworteten ihm: Nein. (6) Er aber sprach zu ihnen: Werfet das Netz zur Rechten des Schiffs, so werdet ihr finden. Da warfen sie und konnten´s nicht mehr ziehen vor der Menge der Fische. (7) Da spricht der Jünger, welchen Jesus liebhatte, zu Petrus: Es ist der Herr ! Da Simon Petrus hörte, dass es der Herr war,

gürtete den Rock um, denn er war nackt, und warf sich ins Meer. (8) Die anderen Jünger aber kamen mit dem Schiff, denn sie waren nicht ferne vom Lande, sondern bei zweihundert Ellen, und zogen das Netz mit den Fischen. (9) Als sie nun ausstiegen auf das Land, sahen sie Kohlen gelegt und Fische darauf und Brot. (10) Spricht Jesus zu ihnen: Bringet her von den Fischen, die ihr jetzt gefangen habt! (11) Simon Petrus stieg hinein und zog das Netz auf das Land voll großer Fische, hundertdreiundfünfzig. Und wiewohl ihrer so viel waren, zerriss das Netz doch nicht. (12) Spricht Jesus zu ihnen: Kommt und haltet das Mahl! Niemand aber unter den Jüngern wagte, ihn zu fragen: Wer bis du ? Denn sie wußten , dass es der Herr war. (13) Da kommt Jesus und nimmt das Brot und gibt´s ihnen, desgleichen auch die Fische. (14) Das ist nun das dritte Mal, dass Jesus offenbart ward den Jüngern, nachdem er von Toten auferstanden war."

Drei Aspekte sind mir wichtig geworden:

1. Das Osterereignis ist so einmalig, dass auch Jünger ihre Zweifel haben.
2. Der Auferstandene begegnet ihnen, ermutigt sie und befähigt sie zu neuem Handeln.
3. Die Osterbotschaft bringt Hoffnung über den Tod hinaus.

Zum Ersten:

Den Jüngern Jesu scheint es nicht besser zu gehen als uns mit dem Glauben an den Auferstandenen. Jedenfalls finden wir sie in einer Situation wieder, die mir bekannt vorkommt: Wir treffen 7 von ihnen am See von Tiberias. Der Osterjubel scheint schon in weitere Ferne gerückt. Sie gehen ihrem Beruf als Fischer nach, als wäre nichts gewesen. - Petrus erklärt nüchtern und sachlich: "Ich gehe fischen!" - Darauf die andern: "Wir gehen mit!" - Immerhin lassen die andern den Petrus dabei nicht allein. Aber auch die gemeinsame Anstrengung ist nicht von Erfolg gekrönt: "Aber in dieser Nacht fingen sie nichts!" heißt es in unserem Text lapidarisch: Depression, Hunger, Mutlosigkeit macht sich breit. - Wo ist Jesus? - "Und Jesus stand am Ufer, aber sie erkannten ihn nicht!" - Das ist auffallend. Man müßte doch jemand, mit dem man ein Jahr auf engstem Raum zusammengelebt hat, wiedererkennen. Sicher waren sie sehr müde. Wahrscheinlich aber hatten sie auch gar nicht mehr mit ihm gerechnet! - Das wird ja an anderer Stelle auch von den "Emmausjüngern" berichtet: Sie begegnen Jesus unterwegs nach Emmaus und sie fragen den "Fremden", der zu ihnen tritt: "Ja weißt Du denn nicht, was sich gerade in Jerusalem ereignet hat? - Sie haben unseren Herrn gekreuzigt!? - Jetzt sind wir auf der Flucht vor den Römern. Es ist alles aus und vor-bei!" Sie rechnen nicht mehr mit ihm, obwohl sie gerade Ostern erlebt oder die Osterbotschaft von seiner Auferstehung vernommen hatten!

Rechnen wir mit Jesus ? - Ich meine im täglichen Leben? - Oder ist das eine religiöse Formel, die wir bei bestimmten Gelegenheiten aus der Tasche ziehen ? Das ist das Problem. Dass Jesus von Nazareth gelebt hat, ist wissenschaftlich klar belegt. dass er ein Ausnahmemensch war, der außergewöhnliche Taten vollbracht hat und eine hohe Ethik gelebt und weitergegeben hat, auch. Keiner, der sich mit ihm beschäftigt hat, wird leugnen, dass es erstrebenswert ist, ihn als Vorbild zu nehmen und ihm nachzufolgen! - Aber dass er auferstanden ist von den Toten, von Gott auferweckt, und dass die, die an ihn glauben ebenfalls auferweckt werden sollen, ist schon eine arge Zumutung an den aufgeklärten Verstand! - Und wer hier seine Zweifel hat, befindet sich in guter Gesellschaft. Wir haben´s vorhin in der Schriftlesung gehört, wie der Jünger Thomas gezweifelt hat: "Erst wenn ich seine Wundmale von seiner Kreuzigung her betastet habe - anders gesagt: Wenn ich handgreifliche Beweise habe, will ichs glauben!" - Hier stimmt wohl die Reihenfolge nicht! Setzen wir nicht alle-samt täglich in alle möglichen Vorgänge und Personen unser Vertrauen, um anschließend unsere Erfahrungen zu machen? - Wer beweist mir vorher, dass ein Tunnel absolut sicher ist, ein Busfahrer zuverlässig, ein Partner vertrauenswürdig? - Ich werde mich der Sache oder dem Menschen anvertrauen müssen. Hinterher werde ich mehr wissen! - Im Neuen Testament (Joh. 6,69) hören wir den Petrus sagen: "Wir haben geglaubt und erkannt, dass du bist der Christus, der Sohn des lebendigen Gottes!" - geglaubt und erkannt! Das ist die Reihenfolge!

Zum Zweiten:

"Am Ufer stand Jesus, aber die Jünger erkannten ihn nicht!" Er gibt ihnen die Anweisung: "Werfet das Netz rechts vom Boot aus, dann werdet ihr finden!" - Die Anweisung scheint für einen Fachmann unsinnig: Am Tag fängt man keine Fische! - Die bisherige Erfahrung, das heißt: die Wahrscheinlichkeit, spricht gegen den

Erfolg! - Aber: Entgegen ihrer bisherigen Erfahrung werfen sie das Netz aus und können sich vor Erfolg bald nicht mehr retten. - In der Parallelstelle vom "großen Fischzug" in Lk.5 steht ein wichtiger Zusatz, der hier einfach vorausgesetzt scheint: Dort sagt Petrus: "Es ist zwar verrückt, aber auf Dein Wort hin tun wir auch das scheinbar Verrückte!" Wir einzelnen Christen und auch die Kirche als Ganzes sind gut beraten, wenn wir handeln nach dem, was uns nach Jesu Wort jeweils geboten ist: Es erscheint möglicherweise verrückt und ökonomisch und kirchenpolitisch nicht klug, sich zum Beispiel im Namen Jesu gegen Leute, die Macht und Einfluß haben, auf die Seite der Schwachen und Unterdrückten zu stellen, und doch machen wir auch heutzutage Erfahrungen, die uns wie Wunder erscheinen: Wir erinnern uns an einen Vorgang, der vor kurzem durch die Medien unseres Ländles ging: Pfarrer und Christen beider Kirchen stellen sich in Schopfheim auf die Seite von Arbeitnehmern, deren Arbeitsplatz wegrationalisiert werden soll. - Trotz der Drohung des betroffenen Großbetriebes, er würde seine Arbeitnehmer zum Kirchenaustritt aufrufen, falls sie ihre Aktion nicht sofort abbrechen würden, bleiben sie dabei. - Offenbar glaubte der Betrieb in Zeiten knapper Finanzen und leerer Kassen, als Druckmittel weiteren Mitgliederschwund einsetzen zu können! - Wie verlautete, sind stattdessen 11 Menschen wieder neu in die Kirche eingetreten!

Die Kirche ist in unserem Osterbericht das Netz. Und das Netz wird voll. Auch wenn Leute aus der Kirche austreten! Das ist die Verheißung. Weil sie diese Verheißung hat, mache ich mir um die Zukunft der Kirche keine Sorgen. - Und das Netz wird voll, - ohne zu zerreißen! Es hält alle, die darin sind, zusammen, zum Leib Jesu Christi. Er ist das Haupt, sagt der Apostel Paulus: Ihr aber seid alle Glieder des einen Leibes! (1.Kor.12).

Die Jünger zählen 153 große Fische. Warum gerade 153? - Nach einer Auslegung des Heiligen Hieronymus sollen die antiken Zoologen 153 Fischarten gekannt haben. Das heißt: Zur Kirche Jesu Christi gehören alle Sorten von Menschen jeder Couleur, Rasse und Nation - weltweit! Jesus macht keine Unterschiede und Ausgrenzungen. Wer will, gehört dazu in seiner ganz speziellen Art und Individualität. Jede Begabung wird gebraucht!

Und Jesus stand am Ufer, aber sie erkannten ihn nicht! - Irgendetwas ist anders an ihm. Er ist es, und er ist es auch nicht, - jedenfalls ist er nicht so, wie sie ihn gekannt haben. - Keiner wagt zu fragen: Bist du es wirklich? Fast alles, was in unserer Szene geschieht, ist irgendwie geheimnisvoll, wie aus einer anderen Welt. Und das will uns ja unsere Ostergeschichte deutlich machen: Es ist der Auferstandene, der ihnen hier begegnet. Und sie sind voller Scheu. Sie spüren: Hier ist die Nähe Gottes! Sie spüren, dass sie hier dem Heiligen begegnen! - Ach hätten wir doch heute noch dieses Gespür für das Heilige! - und die Ehrfurcht, die es gebietet!- Wir hören´s aus dem Alten Testament herüberklingen: Heilig, heilig, heilig, ist der Herr Zebaoth!" (Jes.6). - Wir werden´s nachher beim Abendmahl wieder singen! - Und bei der Berufung des Mose: "Mose, ziehe deine Schuhe, denn der Ort, da du stehst, ist heiliges Land!" (2.Mose 3). - Vielen ist ja heutzutage bald nichts mehr heilig! Nicht das Leben und die Ehre anderer Menschen, und auch nicht die Ehre Gottes! Unter der Forderung von Toleranz ist so ziemlich alles erlaubt.! (San Franzisko: "Sisters of perpetual indulgence") Aber wer mit Ackerschlappen das Heilige betritt, braucht sich nicht zu wundern, wenn er nicht gestärkt von der Nähe Gottes wieder hinaustritt, sondern unter Gottes Zorn!

Die Jünger erkennen Jesus schließlich in der Art wie er ihnen begegnet, was er tut und wie er es tut. Er ist da, wo sie in Not sind. Aus seinem Verhalten spürt man eine fürsorgliche Liebe, wie wir sie von einer guten Mutter kennen: Mitten in ihren Frust über die erfolglose Arbeit und ihren Hunger hinein hören sie seine Stimme: "Kinder, habt ihr nichts rechtes zu essen? Nur trockenes Brot? nicht ein wenig Fisch?" Und dann, auf sein Wort hin, der erfolgreiche Fischzug! - Hier wird bewußt der ekklatante Gegensatz herausgestellt zwischen der erfolglosen Plackerei der Jünger und dem, was sie dann *auf Jesu Wort hin* tun und erleben! - Angesagt ist ein bißchen mehr "ora!" statt "labora!" - ein bißchen mehr "Hallelujah", also Gotteslob, statt Maloche - ein bißchen mehr Vertrauen in den auferstandenen Herrn, statt Existenzangst und Sorge ums tägliche Brot!

Während Petrus noch das Netz an Land zieht, sehen sie am Ufer ein Holzkohlenfeuer. Die Feierlichkeit der Szene ist nicht zu übersehen: Jesus bereitet das Mahl! Brot und Fische! Ich werde an die Speisung der Fünftausend erinnert! Alle sollen satt werden! - Aber es ist keiner von den Fischen, welche die Jünger gefangen haben. Auf geheimnisvolle Weise ist er es selbst, an dem sie teilhaben sollen: Wahrscheinlich habt Ihr´s alle einmal gelernt oder gehört: Aus den Buchstaben des griechischen Wortes für "Fisch" / "Ichthys" lassen sich die Worte bilden: "Jesous + Christos+ Theou + Hyios+ Soter" was bedeutet: "Jesus +Christus + Gottes + Sohn +

Retter“ Darum das Fischsymbol als Erkennungszeichen der Urchristen. Manch einer hat´s ja auf die Karosserie seines Autos geklebt!

Vom Ufer klingt´s herüber: "Kommet her zu mir alle, die ihr mühselig und beladen seid, ich will euch erquicken ! - Kommt, es ist alles bereit!“

Zum Dritten:

Unsere Erzählung hat ihre zentrale Aussage im Osterereignis. Das ist nun das Drittemal, dass Jesus offenbart wurde, nachdem er von den Toten auferstanden war. Das ist wichtig: Wir können hinter Ostern nicht mehr zurück! - Gott sei Dank! - Wäre Ostern nicht passiert, gäbe es die christliche Kirche nicht! Nur weil Jesus auferstanden ist und lebt und den Jüngern erschienen war, waren die Jünger nach dem Geschehen um den Karfreitag nicht verzweifelt auseinandergelaufen und haben das Unternehmen Jesus für gescheitert erklärt! - Mit der Botschaft von der Auferstehung ihres Herrn, hatten sie wieder festen Boden unter die Füße bekommen: "Ich lebe, und Ihr sollt auch leben!" (Joh.14,19) ist das Vermächtnis von Jesus an seine Leute. "Wer an den Sohn glaubt, der hat das ewige Leben und kommt nicht ins Gericht, sondern der ist schon vom Tod zum Leben hindurchgedrungen!" (Joh.5,24).

Das ist Hoffnung für alle. Das ist die Botschaft für unser Jubläum! Du darfst mir vertrauen! Du darfst Dich neu an mir festmachen: Mein Kreuz, mein Ostermorgen: Sie gehören Dir!

Ich feiere nicht so gerne Jubiläen. Neben manchem, hoffentlich dankbaren Rückblick, erinnern sie uns auch daran, dass die Zeit knapper wird! - Da ist es gut zu wissen, dass wir in der Gefolgschaft dessen stehen, der die Menschen liebt und der den Tod besiegt hat. “Freut Euch, wir sind Gottes Volk“, haben wir gesungen. (EG 611). - Man kann seine Zweifel haben. Die Botschaft von Karfreitag und Ostern ist so einmalig und ohne Analogie. Aber ich möchte den Zweifel umdrehen: Ich zweifle daran, dass unserem Gott, dem Schöpfer der Welt etwas nicht möglich ist!

Als wir vor 50 Jahren konfirmiert wurden, haben wir unter anderem die Frage 89 im Katechismus gelernt:

“ Was ist dein einziger Trost im Leben und im Sterben?: Die Antwort heißt: “Dass ich mit Leib und Seele, beides im Leben und im Sterben, nicht mein, sondern meines getreuen Heilandes Jesu Christi Eigen bin“ - Das ist mir genug!

Amen.

Vom rechten Rühmen

Predigt in Emmendingen (bei Freiburg i.Br) Bonhoefergemeinde am 09.01. 2000

1.Sonntag n. Epiphanias

1. Korinther 1, 26-31

(26) "Sehet an, liebe Brüder euere Berufung: Nicht viel Weise nach dem Fleisch, nicht viele Gewaltige, nicht viele Edle sind berufen. (27) sondern was töricht ist vor der Welt, das hat Gott erwählt, damit er die Weisen zuschanden mache; und was schwach ist vor der Welt, das hat Gott erwählt, damit er zuschanden mache, was stark ist; (28) und das Unedle vor der Welt und das Verachtete hat Gott erwählt, das da nichts ist, damit er zunichte mache, was etwas ist, (29) auf dass sich vor Gott kein Fleisch rühme. (30) Durch ihn aber seid ihr in Christus Jesus, welcher uns gemacht ist von Gott zur Weisheit und zur Gerechtigkeit und zur Heiligung und zur Erlösung, (31) auf dass, wie geschrieben steht (Jer.9, 22f.): " Wer sich rühmt, der rühme sich des Herrn!"

Liebe Gemeinde,
Ich möchte die Predigt in drei Teile gliedern:

1. Hoffnung für alle
2. Berufen zu einem Leben unter Gottes Barmherzigkeit
3. Soli Deo Gloria - Gott allein die Ehre!

Zum Ersten: Hoffnung für alle:

Liebe Gemeinde, Was habe ich von einem Gott, der hoch oben überm Sternenzelt thront, der in grauer Vorzeit die Welt geschaffen hat - und die Galaxien - und den Mikrokosmos - und der irgendwann wiederkommen wird, die Welt zu richten und der uns die Rechnung aufzumacht, wie wir mit dieser Welt umgegangen sind und mit unserem Leben - und dem der andern!?

Was ich brauche ist einer, der mit mir geht in meinem täglichen Leben, der sich mit mir freut an meinen Freuden und Erfolgen, und der mich tröstet, wenn ich mutlos bin und einsam, der mich aufrichtet, wenn ich traurig bin, und der barmherzig ist und mir beisteht, wenn mich Angst und Versagen nieder-drücken und deprimieren.

Nun haben wir gerade gesungen:

"Jesus ist kommen, Grund ewiger Freude / A und o, Anfang und Ende steht da / Gottheit und Menschheit vereinen sich beide / Schöpfer wie kommst du uns Menschen so nah ! / Himmel und Erde, erzählet´s den Heiden: / Jesus ist kommen, Grund ewiger Freuden!"

und dann die Erläuterung in Strophe 2:

"Jesus ist kommen, nun springen die Bande / Stricke des Todes, die reißen entzwei / unser Durchbrecher ist nunmehr vorhanden, / er, der Sohn Gottes, der machet recht frei / bringet zu Ehren aus Sünde und Schande, / Jesus ist kommen: nun springen die Bande!" (EG 66)

Das, liebe Gemeinde, ist die Botschaft von Weihnachten auf einen kurzen Nenner ge-bracht: In Jesus Christus kommt uns der ferne Gott ganz nah: "Wer mich sieht, sieht den Vater", sagt er. Und jetzt wissen wir´s ganz deutlich: Gott meint es gut mit uns! - Das ist auch die Botschaft von Epiphanias, dem Erscheinungsfest, dem Weihnachtsdatum der Urkirche, an dem ja die orthodoxen Christen festgehalten haben: - "Es ist erschienen die heilsame Gnade Gottes allen Menschen!" (Tit.2,11)

Weil dies allen Menschen gilt, deshalb ist der Epiphaniastag auch der Tag der Mission - Denn die heilsame Gnade Gottes gilt *allen* Menschen! - Geht hin! - sagt´s ihnen, damit sie darüber froh werden! - nicht damit die Mitgliederzahl und Macht einer Institution größer wird!

Zum Zweiten: Berufen zu einem Leben unter der Barmherzigkeit Gottes.
Menschlich gesehen war die Gemeinde von Korinth, an die sich der Apostel Paulus wendet, ein armseliger Haufen: größtenteils Leute aus der städtischen Unterschicht: Nicht viele Reiche, Kluge, Einflußreiche - im Gegenteil! Meist Hafenarbeiter, Sklavinnen und Sklaven, Leute mit wenig Selbstbewußtsein und kaum Recht auf Selbst-

bestimmung, Proletariat eben! mit all den Problemen, die sich in einem solchen Lebensumfeld ergeben.

Paulus hatte im fernen Ephesus von Streitereien unter ihnen erfahren: Kompetenzrangeleien - Gruppenbildungen, wie sie ja auch uns nicht unbekannt sind. - Wahrscheinlich wurde auch ihr Glaube angezweifelt. Beweise für die Richtigkeit wurden gefordert, Zeichen, Wunder! - Würde mir Gott ein ganz persönliches Zeichen geben, ein Wunder tun, dann würde ich ja glauben! - Besonders problematisch war für die Christengemeinde im damaligen Korinth eine Bewegung, die sogenannte Gnosis, eine Weisheitslehre, die man mit esoterischen Strömungen bei uns heute vergleichen könnte: Es ging um Selbsterlösung durch geheimes Wissen. Und nicht selten wurde gnostisches Gedankengut mit dem christlichen Glauben vermischt! - Die Gemeinde war verunsichert, drohte auseinander zu fallen! - Was tut der Apostel Paulus in dieser Situation? - Er holt sie ab bei dem, was ihnen Probleme macht, bringt Veständnis für sie auf und festigt sie, in dem, was er ihnen immer wieder gesagt hat: - In der Botschaft von Kreuz und Auferstehung Jesu Christi habt ihr alles, worauf es letztlich ankommt: Frieden mit Gott! -

Den Sklaven und armen Teufeln von Korinth hatte er die Freiheit gepredigt: "Jesus ist kommen, nun springen die Bande, Stricke des Todes, die reißen entzwei!" Das hatten sie damals, als er bei ihnen war, begierig aufgenommen, hatten sie ihr elendes Leben doch täglich vor Augen mit all den Verstrickungen in Schuld und Laster, die ja gerade auch ihr Milieu mit sich brachte! - Nun verweist sie der Apostel erneut auf ihre Berufung, zu Christus zu gehören, dessen Opfertod am Kreuz ihr Leben auf eine ganz neue Basis gestellt hatte. War es nicht das, weshalb sie zu ihren Versammlungen kamen, und was sie vereinte? - Ihr wißt doch, wozu ihr berufen seid, und was euch stark macht! - Laßt euch nicht irre machen von denen, die das Wort vom Kreuz für blanken Unsinn halten oder in ihrem Sinne zurechtbiegen! Mögen sie ihre Argumente vorbringen. - sie sind bei all ihrer Weisheit verlorene Leute! Glücklich zu preisen aber, und gerettet, seid ihr, die ihr von Herzen euch darauf verlaßt! (1.Kor.1,18). Natürlich kann es einem schon zu denken geben, dass der erhabene Gott und Schö-pfer der Welt diesen Weg zur Erlösung gewählt haben soll, dass er dazu Mensch wird und sich wie ein Verbrecher am Kreuz töten läßt. - Andrerseits gibt es kaum einen überzeugenderen Liebeserweis, als wenn sich einer für das Glück der andern opfert. Das ist eine Sprache, die wir verstehen! "Also hat

Gott die Welt geliebt, dass er seinen einzigen Sohn gab, damit alle, die an ihn glauben nicht verloren werden, sondern das ewige Leben haben!" (Joh.3,16). - *Allen, die daran glauben*, gehört das ewige Leben, gleich, wer sie sind, - den andern nicht! - Und das - allein aus Gnade!"

Und auch das ist auch ein Beweis der Liebe Gottes, dass er seine Zuwendung an uns nicht nicht knüpft an irgendwelche menschlichen Vorbedingungen: Nicht daran: ob einer reich ist und Besitz hat, oder ob einer gebildet ist und einen scharfen Verstand hat; auch nicht daran, ob einer eine herausgehobene Stellung in der Gesellschaft einnimmt! Auch nicht daran, dass jemand sich sozial besonders engagiert! - Also, höre ich den Apostel Paulus sagen: Warum streitet ihr euch? Warum habt ihr Komplexe gegenüber denen, die reicher, gescheiter, einflußreicher sind, wenn ihr unter dem Kreuz Jesu *allesamt* nichts anderes seid als begnadete Sünder?- Seht also liebe Schwestern und Brüder euere Berufung an: Ihr gehört auf die Seite Gottes, gerade, weil ihr nichts vorzubringen habt und euch deshalb ganz auf die Gnade und Barmherzigkeit Gottes verlaßt!

Zum Dritten: Soli Deo Gloria - Gott allein die Ehre!

Gott hat uns berufen in die Gemeinschaft mit Jesus Christus. "Er ist uns gemacht zur Weisheit - zur Gerechtigkeit - zur Heiligung -und zur Erlösung!"

Der Weg, den Gott mit Jesus eingeschlagen hat, ist die Weisheit Gottes! - Und diese steht in krassem Gegensatz zur Weisheit der Welt, zu dem was man so allgemein für klug und weise hält! - Das sieht nun auf den ersten Blick allerdings so aus, als wären alle die von der Gemeinschaft mit Christus ausgeschlossen, die reich sind und gebildet und die in der Welt etwas gelten, als wäre die Gemeinschaft mit Jesus Christus und die Teilhabe am Reich Gottes auf die Einfältigen, Geringen und Machtlosen beschränkt. - Hier müssen wir uns wieder an die Situation der Gemeinde von Korinth erinnern! - Sie sollten ja wieder in ihrem Glauben festgemacht werden, und ihre Streitereien sollten ausgeräumt werden. Ihnen wird gesagt: Euere Weisheit ist Jesus Christus! - Ihr braucht keine andere! - Und all den Klugen und Reichen und Mächtigen wird genauso gesagt: Euere Weisheit ist Christus! - Verlaßt euch nicht auf euch selbst, eueren Besitz und euere Begabungen, auch nicht auf euer soziales Engagement! - Sie machen euch schnell stolz und selbstsicher, so dass ihr in der Gefahr steht, euch einzubilden, dass ihr den Weg Gottes mit Jesus nicht braucht! -

Ihr steht in der Gefahr vor Gott hinzutreten und zu sagen: Schau her Gott, und schaut her liebe Leute: "Ich bin etwas!"

Wie ganz anders ist die Selbsteinschätzung des Apostels Paulus: "Aus Gottes Gnade bin ich, was ich bin!" - So sind *alle* eingeladen in die Nachfolge Jesu - jeder als der Mensch, der er ist, Aber immer in dem Bewußtsein, dass wir nichts aus uns selber haben - alles ist uns von Gott gegeben, und das Wort "Be-gabung" weist uns ja darauf hin! - auf dass sich keiner rühme!", sagt Paulus.

Leute, die so in der Nachfolge Jesu stehen, nennt der Apostel "Heilige". Gleich im Grußwort zum 1.Korintherbrief können wir´s nachlesen: "Der Gemeinde zu Korinth, den berufenen Heiligen!" - Das sind die, die der Botschaft von Kreuz und Auferstehung Jesu vertrauen. Sie sind Gott recht und damit "heil", eigentlich müßte es heißen: Ihr seid "Geheiligte"! Mit diesem Begriff käme die Passivität der "Heiligen" viel besser zum Ausdruck! - Sie sind nicht deshalb "Heilige", weil sie ein besonders frommes Leben geführt hätten! -

Solche Heiligen ziehen sich aber nicht auf eine "Insel der Seligen" zurück: Wir haben´s und die andern geht´s nichts an! - Wer die Liebe Gottes erfahren hat und in Anspruch nimmt, muß es weitersagen. Er muß sich einklinken in die Art Jesu, der nichts wollte, als zu retten, was verloren ist! - Das verweist zum Schluß nocheinmal auf die Schriftlesung aus Jes.42, die wir vorhin gehört haben: Gott hat seinen Knecht berufen, "das zerstoßene Rohr nicht zu zerbrechen und den glimmenden Docht nicht auszulöschen!" - Das gibt nun für alle, die in seiner Nachfolge stehen, die Richtung an: Das zerstoßene Rohr nicht zerbrechen! den glimmenden Docht nicht auslöschen! Blinden die Augen öffnen für die Botschaft vom mitmenschlichen Gott!

Ihm allein sei Ruhm und Ehre! - In *diesem* Ruhm sterben die Streitigkeiten in der Gemeinde - Am eigenen Ruhm entsteht der Streit! - In diesem Sinne singen wir:

"Ich singe dir mit Herz und Mund" - und: "Was sind wir doch, was haben wir auf dieser ganzen Erd´, das uns, o Vater, nicht von dir allein gegeben werd!" (EG 324).

Amen.

Was bringt´s?

Predigt in der Pauluskirche Emmendingen am 12.03. 2000

Invokavit

2.Kor. 6, 1-10

(1) Als Mithelfer aber ermahnen wir euch, dass ihr nicht vergeblich die Gnade Gottes empfanget. (2) Denn er spricht (Jes.49,8): " Ich habe dich in der angenehmen Zeit erhört und habe dir am Tage des Heils geholfen." Siehe, jetzt ist die angenehme Zeit, siehe, jetzt ist der Tag des Heils !
(3) Und wir geben niemand irgendein Ärgernis, auf dass unser Amt nicht verlästert werde.; (4) sondern in allen Dingen erweisen wir uns als Diener Gottes: in großer Geduld, in Trübsalen, in Nöten, in Ängsten, (5) in Schlägen, in Gefängnissen, in Aufruhren, in Mühen, in Wachen, in Fasten
(6) in Keuschheit, in Erkenntnis, in Langmut, in Freundlichkeit, in dem heiligen Geist, in ungefärbter Liebe, (7) in dem Wort der Wahrheit, in der Kraft Gottes, durch Waffen der Gerechtigkeit zur Rechten und zur Linken
(8) durch Ehre und Schande, durch böse Gerüchte und gute Gerüchte; als die Verführer und doch wahrhaftig; (9) als die Unbekannten und doch bekannt; als die Sterbenden, und siehe, wir leben; als die Gezüchtigten und doch nicht ertötet; (10) Als die Traurigen, aber allezeit fröhlich; als die Armen, aber als die doch viele reich machen; als die nichts haben, und doch alles haben.

Liebe Gemeinde,
Was bringt´s? fragen Junge Leute manchmal. Wie oft habe ich diese kurze Frage in der Schule gehört! - Was bringt´s, wenn ich am Reli-Unterricht teilnehme, in einen Verein gehe, mich in irgendeiner Form engagiere, mich taufen, konfirmieren lasse, zur Kirche, zur christlichen Gemeinde gehöre? Was bringt´s?:

Zurecht wird diese Frage immer wieder gestellt - und nicht nur von jungen Leuten! Zu kostbar ist unser Leben, als dass wir es mit nutzlosem Zeug verplempern!

Wir sind es gewohnt, wichtige Ereignisse, Aktionen und Einrichtungen unter die Schirmherrschaft eines großen dieser Welt zu stellen: Unter die Schirmherrschaft eines Sport-oder Musik-Idols, unter die Schirmherrschaft eines Präsidenten oder des Bundeskanzlers bzw. der Kanzlerin. - Unser Leben als Christen steht unter der Schirmherrschaft Gottes! - "Wer unter dem Schirm des Höchsten sitzt", haben wir zum Eingang des Gottesdienstes miteinander gesprochen, der hat einen echten Schutz, eine Zufluchtsburg und eine Zuversicht für sein Leben! - Was das im einzelnen konkret bedeutet, läßt sich kaum mit Worten beschreiben! Der 91.Psalm faßt es focusartig und mit markanten Sätzen zusammen: *"Invokavit"* Das heißt nicht nur „Er hat zu Gott gerufen und Gott will ihn erhören" - sondern das heißt auch: „Gott hat uns längst erhört und uns nun seinerseits angerufen", ja eingeladen, unser Leben unter seinem Schutz und Schirm zu verbringen! - Und die Gemeinschaft all derer, die sich rufen und einladen lassen, das ist die Kirche. "Ich rufe heraus" heißt in der Sprache des Neuen Testaments *"ek-kaleo"*. Von daher kommt in den romanischen Sprachen das Wort für "Kirche", auf lateinisch "Ekklesia" und auf französisch "eglise" und meint nichts anderes als die "Schar der Herausgerufenen". "Ihr seid in der Welt, aber nicht von der Welt!" - sagt der Apostel Paulus!

Einerseits seid ihr in der Welt und auch Teil dieser Welt mit all ihren physikalischen Gesetzmäßigkeiten und all ihren sozialen oder auch unsozialen Gegebenheiten und Strukturen, und andrerseits seid ihr doch schon mitten in dieser Welt Bürger des Reiches Gottes, der neuen Welt, die Gott erst noch bringen wird! - Und das macht die unübersehbaren Realitäten dieser Welt, die uns bedrücken und traurig machen, transparent und nimmt ihnen ihre Endgültigkeit!

Unser deutsches Wort „Kirche" sagt etwas ganz Ähnliches aus, wie das Wort "Ekklesia", aber ich denke, noch konkreter und zugespitzter: Es verweist auf den, der der Garant ist für das Kommen des Reiches Gottes. Das deutsche Wort "Kirche" verweist uns auf den "Kyrios", den Herrn Jesus Christus. - Die, die zur Kirche gehören, sind die Gemeinschaft derer, die sich ihm anvertrauen und ihn als ihren Herrn anerkennen. - „Wer mir nachfolgt, sagt er uns, der wird nicht wandeln in der Finsternis, sondern der wird das Licht des Leben haben!" (Joh.8,12) - so haben wir´s vorhin beim Entzünden der Taufkerze an der Osterkerze gehört! - Und weiter noch: „Wer da glaubt und getauft ist, der wird selig!" (Mk.16,16).

Diese Zusage es gilt grundsätzlich allen Menschen und der ganzen Welt! - Ob sie es wissen oder nicht - Darum haben wir auch vorhin gesungen:

„ Such, wer da will ein ander Ziel die Seligkeit zu finden,
Mein Herz allein bedacht soll sein auf Christus sich zu gründen...
Ach sucht doch den - laßt alles steh´n, die ihr das Heil begehret".(EG 346)

Daraus ensteht der Auftrag! „Geht hin in alle Welt!" und taufet sie und macht sie zu Jüngern! (Mt. 28).

Kaum einer hat das so ernst genommen wie der Apostel Paulus . Dafür hat er sich die Hacken wund gelaufen und sich allen möglichen Strapazen unterzogen! - Darum reagiert er auch so emotional, als er seine Arbeit bei der Christengemeinde in Korinth in Gefahr sieht: Offenbar hatten Gegner in Korinth während seiner Abwesenheit in Ephesus die Situation ausgenutzt und sein Apostelamt und seine Verkündigung des Evangeliums infrage gestellt. Die Gemeinde war unsicher geworden zu sein und müde: Namenchristen ohne Saft und Kraft! - Winkelchristentum und Angst davor, Christentum praktisch und öffentlich zu leben! - So schreibt er ihnen einen Brief und fordert sie auf: „Laßt das Evangelium von der Barmherzigkeit Gottes unter euch wirksam werden. Es genügt nicht, dass ich es euch verkündigt habe und ihr es akzeptiert habt! - Lebt es! - Und vor allem: Hört auf, euch zu streiten, hört auf damit, auf alle möglichen andere Lehren und Meinungen zu hören, hört auf damit, euch an euere Umwelt anzupassen, um ja nicht aufzufallen und Möglichen Schwierigkeiten aus dem Wege zu gehen! - Zeigt mit euerem Leben als einzelne wie als Gemeinde, wes Geistes Kinder ihr seid ! - Es steht nicht weniger auf dem Spiel als euere Seligkeit und möglicherweise auch die Seligkeit der andern, die euch zusehen! - Ihr seid „ein Brief Christi" an die Menschen, die täglich mit euch zusammenleben! - Und am Brief erkennt man seinen Absender! Ein Brief Christi zu sein hat Konsequenzen! - Die zeigt Paulus nun im Folgenden an seinem eigenen Verhalten und seinen Erfahrungen und denen seines Mitarbeiters Titus auf:

„ Wir geben niemandem ein Ärgernis, damit unser Amt nicht verlästert werde, sondern in allen Dingen erweisen wir uns als Diener Gottes!"

Aber was bringt´s, sich so zu engagieren? - Fragen wir den Apostel Paulus.
Er beschönigt nichts: Von Trübsalen, Nöten und Ängsten weiß er zu berichten - von

Schlägen und Gefangenschaft und großen Anstrengungen. Und die gilt es unter Umständen auszuhalten in großer Geduld. - Wer sich für *die Sache Jesu* einsetzt und damit auch *im Namen Jesu* für die Belange der Geringen und der kleinen Leute, lebt mitunter gefährlich, - besonders dann, wenn die Interessen der Großen und Einflußreichen davon berührt werden. - Er muß damit rechnen, dass er lächerlich gemacht wird und mundtot, oder gar damit, dass er auf Nimmerwiedersehen verschwindet! - Das belegen viele Beispiele von den Propheten des Alten Testaments und den Aposteln des Neuen Testaments, bis zu den Bekennern von heute. - Und war Jesus etwa davon ausgenommen? - Gott sei Dank, bleibt uns das augenblicklich erspart! Und der Bericht des Paulus ist ja auch ein Bekenntnis in einer ganz konkreten Situation.

Aber was so paradox erscheint und so schrecklich klingt, soll den Korinthern und auch uns Heutigen Mut machen! - Es bildet in dem Bericht des Paulus den Hintergrund, vor dem Gottes Bewahrung und Durchhilfe erst richtig zum Leuchten kommt. Das wird in den beiden letzten Versen unseres Textabschnittes deutlich:

Seht, sagt er, das alles haben wir um des Evangeliums willen ertragen, und Gott hat uns die Kraft dazu gegeben! - Das schildert er nun an den eigenen Erfahrungen:

Als Mitarbeiter Gottes mühen wir uns ab, den Menschen das Evangelium von Gottes Liebe zu sagen, aber: Wir werden von den Menschen nicht verstanden und verkannt:

.- Als Verführer und Seelenfänger hingestellt - aber bei Gott sind wir bekannt
- Als Leute, die die Wahrheit sagen!
- Als die Sterbenden - leben wir und haben ewiges Leben bei Gott!
- Als die Gezüchtigten - überleben wir!
- In Traurigkeiten - sind wir doch allezeit fröhlich!
- Wir sind arm - und machen doch viele reich!
- Als die, die nichts haben - haben wir doch alles in Gott!

Was bringt´s also?: Sicherheit und Geborgenheit in Gott, selbst in den nach menschlichem Ermessen ausweglosesten und unerträglichsten Lebenssituationen!- Paulus will uns sagen: Wer Jesus Christus nachfolgt, hat schon jetzt in dieser Welt -

allen Widrigkeiten zum Trotz - Teil an seinem Sieg!

Und der Friede Gottes, welcher höher ist als alle Vernunft, bewahre unsere Herzen und Sinne in Jesus Christus, unserem Herrn.

Amen.

Printed by Books on Demand GmbH, Norderstedt / Germany